职业教育新能源汽车专业"十三五"规划教材

新能源汽车维护与故障诊断

主　编　宋广辉　　陈　东
副主编　欧阳可良　孙五一
主　审　吴书龙

机械工业出版社

《新能源汽车维护与故障诊断》包括3个学习项目、9个学习任务，分别介绍了新能源汽车的日常维护、新能源汽车的定期保养、新能源汽车的故障诊断。本书注重理实一体、案例解析导入，实用性强、贴合企业实际工作。本书既可作为职业院校新能源汽车、汽车维修等相关专业的教材，也可作为汽车维修企业的培训资料，还可作为对新能源汽车感兴趣的大众读者了解新能源汽车维护与故障诊断知识的参考读物。

图书在版编目（CIP）数据

新能源汽车维护与故障诊断 / 宋广辉，陈东主编 . —北京：机械工业出版社，2018.6（2024.8 重印）
职业教育新能源汽车专业"十三五"规划教材
ISBN 978-7-111-60048-0

Ⅰ. ①新…　Ⅱ. ①宋…②陈…　Ⅲ. ①新能源 – 汽车 – 车辆修理 – 职业教育 – 教材 ②新能源 – 汽车 – 故障诊断 – 职业教育 – 教材
Ⅳ. ① U469.707

中国版本图书馆 CIP 数据核字（2018）第 111869 号

机械工业出版社（北京市百万庄大街22号　邮政编码100037）
策划编辑：杜凡如　连景岩　　责任编辑：杜凡如　连景岩
责任校对：王明欣　　　　　　封面设计：马精明
责任印制：常天培
北京机工印刷厂有限公司印刷
2024 年 8 月第 1 版第 14 次印刷
184mm×260mm・14 印张・342 千字
标准书号：ISBN 978-7-111-60048-0
定价：35.00 元

电话服务　　　　　　　　网络服务
客服电话：010-88361066　机　工　官　网：www.cmpbook.com
　　　　　010-88379833　机　工　官　博：weibo.com/cmp1952
　　　　　010-68326294　金　　书　　网：www.golden-book.com
封底无防伪标均为盗版　　机工教育服务网：www.cmpedu.com

职业教育新能源汽车专业"十三五"规划教材指导委员会

主任

郑丽梅　全国机械教育教学指导委员会

副主任

（排名不分先后）

陈旭明　比亚迪汽车工业有限公司
吴立新　行云新能科技（深圳）有限公司
朱　军　中国汽车工程学会应用与服务分会
韩建保　北京理工大学机械与车辆学院
张珉豪　国家开放大学福建分院
李春明　长春汽车工业高等专科学校

委员

（排名不分先后）

吴书龙	申荣卫	董铸荣	朱文韬	文爱民	戴良鸿
占百春	姚博翰	吴东平	向　东	阙广武	朱汉楼
陆春其	谢可平	张文华	李正国	王立刚	王　蔚
单立新	张利军	简玉麟	曾　鑫	陈署红	李志国
陈文军	毛行静	陈道齐	葛长兴	陈　胜	刘亚青
虞伟良	蒋振世	王福忠	陈其生	黄文进	蒋志伟

职业教育新能源汽车专业"十三五"规划教材编委会

主审
吴书龙　江苏联合职业技术学院（无锡汽车工程分院）

主编
宋广辉　黄冈职业技术学院
陈　东　行云新能科技（深圳）有限公司

副主编
欧阳可良　顺德区中等专业学校
孙　五一　安徽皖江职教中心

参编成员
（排名不分先后）
朱海辉　温岭市职业中专
胡书文　江西环境工程职业学院
闫　勇　普宁职业技术学校
马　伟　普宁职业技术学校
方韶华　金华职业技术学院
孔　宁　广西工业职业技术学院
费孝涛　淮安信息职业技术学院
徐兴振　苏州建设交通高等职业技术学校
李清明　深圳技师学院
施海凤　淮安信息职业技术学院
余嘉韵　美国普渡大学
石中河　山东省民族中等专业学校
张瑞芬　福建水利电力职业技术学院

序

　　2015年，我国新能源汽车的产量超越美国，成为世界第一大新能源汽车生产国，如今新能源汽车的保有量已突破百万辆。随之而来将是新能源汽车后市场的迅速崛起，面对这样的局面，我国新能源汽车后市场将会面临深刻变化，如何快速培养新能源汽车前后市场的技术技能人才使之与汽车技术的发展相适应，已经成为刻不容缓的紧迫任务。

　　行云新能科技（深圳）有限公司在全国机械教育教学指导委员会的指导下，依托深圳比亚迪汽车的技术支持，近年来面向汽车职业教育开展了一系列新能源汽车的竞赛和教师培训工作，在推动我国汽车职业教育向新能源汽车转型方面取得了丰硕成果。去年应吴立新总经理的邀请，在深圳参加了由机械工业出版社牵头、行云新能组织、比亚迪汽车技术支持、全国数十所中高职汽车职业院校老师参与的新能源汽车职业教育教材的编写启动会议，确定了以工作任务为主线、以教会学生如何工作为目标、以国内新能源汽车技术的领跑者比亚迪汽车为基础的教材编写工作。在那次会议上，我向与会老师们介绍了中国汽车工程学会与中国职业教育技术学会合作成立的中国汽车职教集团提出的：新能源汽车专业的课程设置可以我国新能源汽车发展技术路线中"三纵三横"为基础构建新能源汽车专业课程体系，以教学实验导入的新能源汽车专业知识体系，以工作任务导入的新能源汽车实训技能体系的思路。

　　一、新能源汽车专业课程体系的构建依据

　　我国新能源汽车发展以"三纵三横"为技术路线。"三纵"是指纯电动、插电式混合动力以及氢燃料电池三种新能源汽车。"三横"是指电机、电池、电子控制三大核心系统。"三纵三横"既包括了我国定义的三种新能源汽车，又包含了新能源汽车的关键核心技术系统。因此，职业教育新能源汽车专业可以"三纵三横"为基础来构建新能源汽车专业的课程体系。这就是说，首先新能源汽车课程要讲清楚纯电动、插电式混合动力以及氢燃料电池三种汽车的整体结构原理及维修诊断方法。其中结构原理可以在新能源汽车概论中加以阐述，而纯电动汽车、插电式混合动力汽车和氢燃料电池汽车还应有实训工作页完成实操作业教学。另外还要讲述电池、电机及电子控制三个关键系统的结构原理和维修诊断，通常有驱动电机及控制系统、动力电池及管理系统、新能源汽车充电系统的结构原理和维修诊断实训工作页教学。这就是以"三纵三横"为基础来构建的新能源汽车专业课程体系。

　　二、新能源汽车专业教学方法探讨

　　相对传统能源汽车专业而言，新能源汽车专业最突出的特点是从机械工程向电气工程的转变，从热机向电机的转变，从燃料向电池的转变，这样的转变对于汽车职业教育专业而言更是学习思路从形象思维向逻辑思维的转变，大量的电气电子、电机电控、电池管理等控制问题与传统汽车发动机底盘机构的机械原理与控制相比更是抽象逻辑思维特征明显，这些将会成为新能源汽车专业在职业教育领域的教学难点。

　　因此我们提出要以教学实验的方法导入专业理论知识体系的教学思路，用形象的实验教学解决抽象逻辑分析不易理解的难点。这才是汽车职业教育面临新能源汽车挑战中最好的解决办法。因此，新能源汽车专业的理论知识必须基于实验方法进行教学设计，每个理论知识点的教学都应先设计出相应的实验教学平台，其课程体系应该完整地构建在相对应的实验设备平台之上。只有这样才能真正做到将抽象的理论知识教学变成形象的实验方式教学。使得学生能更好地理解新能源汽车专业理论知识，指导学生深刻认识并运用新能源汽车专业知识去解决新能源汽车在汽车前后市场的运用与实践问题。

几个月过去了，当我看到这套教材的初稿时，我欣慰看到这六本教材与工作页在新能源汽车"三纵三横"的课程设计中充分体现了教学实验导入的专业知识体系和工作任务导入的实训技能体系。这套教材在比亚迪汽车的技术支持下非常好地实现了以一个新能源汽车生产企业的主流车系完整实现新能源汽车"三纵"之中纯电动和插电式混合动力汽车两大实车教学平台的嵌入，加上比亚迪汽车独立自主的电池技术也很好地解决了"三横"之中核心部件电池技术教学内容的完成。以上这些特点正是这套教材编写的特殊之处。

随着新能源汽车在我国的迅速发展，职业教育必将承担起新能源汽车前后市场技术技能人才的培养重任。由于我国汽车工业"双积分"的实施，将会有更多的汽车制造企业加入到新能源汽车的生产行列之中，因此，传统汽车专业要开设新能源汽车技术的课程，形成传统汽车专业新能源方向的教学课程体系，而新能源汽车专业也不能断然抛弃传统能源汽车专业的核心课程。由于汽车能源正处在新老交替的历史阶段，新旧两种能源汽车还将在一定的时间段中共存，当下汽车职业教育既要培养传统能源汽车的技术技能人才，也要同时培养新能源汽车的技术技能人才，这就是当前我国汽车职业教育所面临的向"多课程、少课时"发展的必然结果。

我真心期待这套教材能够为我国汽车职业教育教学添砖加瓦，为新能源汽车教学锦上添花。也希望使用本教材的老师和同学们提出批评指正，让参加编写的老师们不断进步！当今的汽车职业教育老师正处在汽车新旧能源交替的时代，我们担负着"承前启后"的历史使命，我们为能够在这样一个时代从事汽车职业教育工作而自豪，也一定将为能够在这个时代倾力付出自己的所有而骄傲。我更希望汽车职业学校新能源汽车专业的同学们能够在中国新能源汽车走向世界的历史时代，为中国汽车工业的崛起做出自己应有的贡献，成就自己无悔的人生！

中国汽车工程学会汽车应用与服务分会 技术总监 朱军

二〇一八年一月

前　言

随着新能源汽车技术的快速发展和国家政策扶持力度的增大，新能源汽车的生产制造与售后服务人员需求必将逐步增加，有些职业院校已经抓住了市场机遇，及时调整了专业培养方向，开设或准备开设新能源汽车技术专业。新能源汽车涉及很多全新的技术领域，而新能源汽车专业是很多职业院校正在积极建设的专业。但是目前市场上关于混合动力汽车、纯电动汽车维修方面的书籍很少，并且大多都是关于理论研究的。为了让更多人，特别是使用和维修新能源汽车的售后服务人员，对新能源汽车有更深入的了解，行云新能科技（深圳）有限公司作为一家专注新能源汽车专业教学整体解决方案开发与应用的企业，组织行业专家、课程专家及一线汽车品牌主机厂新能源汽车工程师等人员，与美国国家新能源培训联盟（NAFTC）合作，结合中国车系特点，以《比亚迪SOP维修技术规范》为实操标准，编写了这套职业教育新能源汽车专业"十三五"规划教材。

实战性强

基于大量的市场调查，本书80%以上的内容为新能源汽车的使用和维护方法，避免了现有新能源汽车教材内容偏设计制造技术导致的理论性太强的缺陷，使教材更贴近汽车维修企业实际工作及职业教育的特点。

适用性强

职业教育专家对本书的结构进行全面把控，使内容符合职业教育的特点，采用任务驱动结构编写，方便教材组合，可供新能源汽车专业方向的学生使用，也可供其他汽车专业方向学生学习新能源汽车知识和技能。本书涵盖了比亚迪、丰田等国内主流新能源汽车厂家的共性和差异，解决了品牌"地域性"问题。

配套资源丰富

立体化课程，配套资源包括教材、教学课件和配套试题等。整个课程的推进遵循以"教师手册"为指导，"任务实施"为引领，学生"教材"和教师"教学课件PPT"为参考，技能实操视频与教学实训设备相配套的总体原则。

本书全面、系统地论述了新能源汽车的维护项目和故障诊断技能，对新能源汽车维护项目、故障诊断分析等内容进行详细的讲解，同时注重图文结合，采用大量的实物图、结构图和电路图，配合文字讲解。

　　本书由黄冈职业技术学院宋广辉、行云新能科技（深圳）有限公司陈东任主编，顺德区中等专业学校欧阳可良、安徽皖江职教中心孙五一任副主编，由江苏联合职业技术学院（无锡汽车工程分院）吴书龙任主审，参与编写的还有朱海辉、胡书文、闫勇、马伟、方韶华、孔宁、费孝涛、徐兴振、李清明、施海凤、余嘉韵、石中河、张瑞芬等老师。

　　在编写本书过程中，引用了大量原厂手册及文献资料，在此，全体编者向原作者们表示衷心的感谢！

　　由于本书涉及内容较新，且编者水平有限，书中难免有不足之处，恳请相关领域专家和广大读者批评指正。

编　者

目　录

序

前　言

项目1　新能源汽车的日常维护

任务1　新能源汽车维护的必要性与车主自行保养项目 …………………………… 1
任务2　新能源汽车店内日常维护项目 …………………………………………… 13

项目2　新能源汽车的定期保养

任务1　混合动力汽车的保养周期与内容 ………………………………………… 28
任务2　纯电动汽车的保养周期与内容 …………………………………………… 39

项目3　新能源汽车的故障诊断

任务1　新能源汽车诊断设备的操作使用与故障诊断流程 ……………………… 48
任务2　高压驱动组件的故障排查 ………………………………………………… 76
任务3　新能源汽车整车故障排查 ………………………………………………… 144
任务4　充电系统的故障排查 ……………………………………………………… 164
任务5　动力电池系统的故障排查 ………………………………………………… 182

参考文献

项目 1

新能源汽车的日常维护

项目描述

本项目共2个学习任务,分别是:
任务1 新能源汽车维护的必要性与车主自行保养项目
任务2 新能源汽车店内日常维护项目
通过两个任务的学习,掌握新能源汽车日常维护的特点,独立完成新能源汽车的日常维护项目。

任务1 新能源汽车维护的必要性与车主自行保养项目

一、任务引入

近两年,新能源汽车市场迅速崛起,新能源汽车的保养问题也受到越来越多人的关注。对于汽油车来说,更换机油、机油滤清器、火花塞都是常规必做的保养项目。人们对于新能源汽车还比较陌生,那么,新能源汽车要不要保养?如果需要,又会涉及哪些保养项目呢?此外,作为一名新能源汽车车主,应具备哪些保养常识呢?

二、任务要求

知识要求:

- 熟悉新能源汽车维护的必要性。
- 了解新能源汽车在日常使用过程中,应进行哪些必要的维护。

技能要求：

- 能独立完成车主自行保养项目。

职业素养要求：

- 严格执行汽车检修规范，养成严谨科学的工作态度。
- 尊重他人劳动，不窃取他人成果。
- 养成总结训练结果的习惯，为下次训练积累经验。
- 养成团结协作精神。
- 严格执行 5S 现场管理。

三、相关知识

1. 汽车检查保养的必要性

1.1 检查保养是汽车的健康诊断

保护车辆要从检查保养开始，让驾驶人全面掌握爱车的"健康"状况。汽车由很多零部件组成，只有这些零部件正常工作，驾驶人才能体会到驾驶车辆的乐趣。但是，车辆在使用过程中，各部件不可避免地会产生磨损老化，在这种状态下继续使用会导致车辆性能降低、发生故障。

为使驾驶人能安心驾驶汽车，最重要的是要进行定期保养，更换必要的零部件，以延长汽车的使用寿命。传统汽车根据汽车制造商规定的保养时间表（service schedules）进行保养，耗材通常包括各类油液、过滤器、传动带、制动摩擦片和火花塞。相较而言，混合动力汽车或纯电动汽车的许多电驱动系统部件保养频率相对较低，甚至有些部件在整个使用寿命期内都不需要检修。

与传统汽车的保养一样，混合动力汽车和纯电动汽车的保养中也存在多种技术人员需要注意的安全问题。例如始终佩戴护目镜以保护眼部。虽然在大多数保养作业中并不要求技术人员关闭汽车的高压系统，但是电动汽车的高压部件可能出现过热问题。水冷系统可能存在过热问题，还可能因冷却液加压而存在其他危险。电动汽车不能使用千斤顶来支撑，必须在特定的吊装 / 举升点吊起 / 举升后再进行作业。

1.2 汽车用户手册的使用

大多数混合动力汽车和纯电动汽车制造商会为每辆车提供一份保养指南（maintenance guide）。尽管保养信息可以从车辆的车主手册中查到，但是有些汽车厂家还是会发布一份单独的保养指南，其中包含的保养信息比车主手册更详细完整。单独的保养指南在购买车辆时会一并交给车主。

汽车制造商通常会在企业官方网站上公布车主手册和保养指南，图 1-1-1 所示为普锐斯保养手册。新能源汽车除"三电"系统外，其他部分与传统汽车极为相似。无论是纯电动汽车还是油电混合动力汽车，它们都有自己的保养规范，及时掌握车辆使用性能、保养周期及保养内容，严格按照保养手册规范要求呵护自己的爱车，将大大延长车辆的使用寿命，减少不必要的维修费用。

项目1 新能源汽车的日常维护

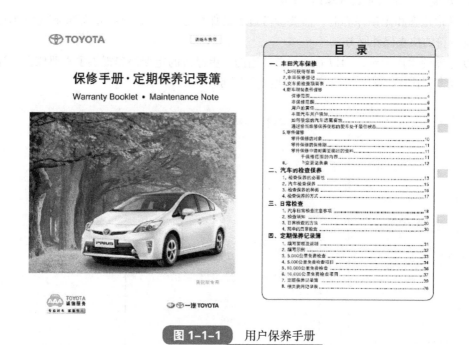

图 1-1-1　用户保养手册

1.3　定期保养的重要性

为使发动机、电动机、动力电池、变速器、制动系统、转向系统、蓄电池等部件或总成正常工作，车主需要对车辆进行定期检查和保养，检查车辆的润滑、冷却、防锈等性能状况，特别是油脂类（机油）和油液类（制动液、蓄电池电解液、冷却液等）检查。而对于电力驱动的汽车来说，"三电"系统的线束检查是极为重要。

与传统汽车一样，新能源汽车中也使用了大量橡胶件，比如传动带。橡胶具有柔韧性，但长时间使用易老化。橡胶传动带如果使用时间久了，就会出现裂痕（龟裂）甚至断裂。另外，制动软管、散热器软管等也由橡胶制成，出现劣化等现象也是不可避免的。特别是制动软管，仅凭外观可能无法判断其好坏，必须定期保养或更换。定期保养过程中还需要检查易磨损件，比如制动摩擦片、轮胎等。这些零部件都有一定的使用限度（磨损限度），并不是可以永久使用的，若超出磨损限度使用，则会引发故障，甚至造成事故。因此，定期的保养是重要的也是必要的。对于电动汽车来说，定期保养可以节省电量、延长车辆使用寿命，让车辆始终处在安全稳定状态。

1.4　进行检查保养是驾驶人的义务

根据汽车使用时间的推移，零件的劣化和磨损也会一直持续。如果不正确进行车辆检查保养，则无法安全舒适地驾驶，甚至会造成噪声和大气污染。

因此，为使汽车总保持最好的"健康"状态，车主须切实进行汽车的日常检查和定期保养。这样才能防患于未然，从而更加安心地驾驶汽车。

另外，日常检查、洗涤液以及蓄电池电解液的补充，可由车主自己实施。而在定期保养中，需要专用的维修设备、指定的油脂类耗材，且更换相关耗材后需进行适当处理，因此推荐驾驶人到具有一定资质的维修服务中心，委托专业人员进行规范的检查和保养。

3

1.5 定期保养记录簿是汽车的"病历"

进行日常检查和定期保养时，需要参考过去的保养记录（图 1-1-2），以实施与汽车现阶段使用状况相符的检查保养服务。

定期保养的操作记录，为以后进行更适当的、更经济的定期保养提供了重要依据，让驾驶人更了解爱车，让 4S 店更方便、更专业地进行服务。

图 1-1-2　定期保养记录簿

1.6 可使驾驶人安心驾驶的方法是进行日常检查与定期保养

日常检查与定期保养是修理、维护劣化及存在不良工作状况的零部件，同时预测今后可能出现的故障，并采取一定措施避免其发生（预备维修）。这样能帮助驾驶人防患于未然，让其在下次保养前放心用车。通过日常检查与定期保养，可让驾驶人更安心、舒适地驾驶爱车。

2. 车主自行检查保养项目

汽车日常使用中，可依据行驶里程、时间以及车辆行驶时的状况来确定实施检查保养的时间。如果是车主可以自行实施的检查项目，则建议在长距离行驶前、洗车时或加油时，由车主自行实施。

四、任务实施

1. 任务准备

安全防护：注意高压电保护。
工具设备：作业保护设备（车外、车内三件套），安全设施（车轮挡块、警示隔离带等）。
台架车辆：比亚迪 e5 教学版整车和普锐斯整车。
辅助资料：汽车用户手册、教材。

项目1 新能源汽车的日常维护

2. 实施步骤

2.1 比亚迪e5车主自行检查保养项目

车辆工位、设备工具准备

维护保养：
1. 车辆安全停放于举升工位
2. 配套安全防护设备
3. 配套日常检查常用工具

冷却系统检查

维护保养：
1. 检查散热器储液罐液位，应在高、低位刻度线之间
2. 检查冷却系统有无泄漏现象
3. 如冷却液过少，则添加与原车型号相同的冷却液，无需添加任何混合剂
注意：应在每次充电时检查散热器副水箱

风窗洗涤装置检查

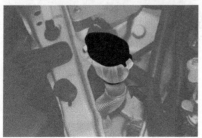

维护保养：
1. 正常使用时每月至少检查一次液位
2. 应添加优质洗涤液防止寒冷天气冻结
3. 在添加洗涤液时，用干净的布蘸洗涤液擦拭水器刮片，这有助于刮片刃口保持良好的密封状态
注意：
1. 应每月检查一次储液罐中洗涤液的存量，因天气不好而频繁使用洗涤液时，应在每次充电时检查洗涤液存量
2. 切勿向风窗玻璃洗涤器储液罐内注入醋水溶剂和防冻剂。防冻剂会损坏车辆的表面漆，醋水溶剂会损坏风窗玻璃洗涤器电动机。建议使用厂商推荐的风窗玻璃洗涤液

（续）

风窗洗涤装置检查	
	维护保养： 1. 定期清洗风窗玻璃和刮片（建议 1~2 周一次） 2. 即使不下雨，也建议定期刮拭（建议 1~2 天一次） 3. 使用刮片刮拭风窗玻璃时，必须使玻璃充分湿润（未下雨时，必须预先用洗涤液喷洒玻璃） 4. 使用专用风窗玻璃清洗剂清洗风窗玻璃，风窗玻璃上黏附有泥土、昆虫的尸体时应及时用抹布擦拭干净 5. 风窗玻璃上有碎石撞击的伤痕时，应及时进行保养或更换 6. 定期更换刮片，建议每半年一次 注意： 每月检查一次刮水器状况。如果刮水器不能刮净风窗玻璃，则应检查其是否有磨损、龟裂或其他损伤

制动系统检查	
	维护保养： 1. 查看储液罐液位，应处于规定刻度线内 2. 如果液位处于最低刻度线以下，则检查储液罐及管路是否有泄漏部位或制动摩擦片是否磨损过度 注意： 1. 应每月检查一次储液罐内的液位，制动液应依照定期保养表中规定的行驶时间与里程数进行更换 2. 务必使用与原车型号相同的制动液，而且不同型号的制动液不能混合使用
	维护保养： 1. 检查制动踏板是否能正常操作 2. 检查电子驻车开关是否功能完好

项目1　新能源汽车的日常维护

（续）

低压蓄电池检查	
	维护保养： 1. 检查蓄电池性能状况 2. 检查蓄电池连接桩头有无腐蚀氧化 注意：每月例行检查一次
空调系统检查	
	维护保养： 1. 定期检查散热器及空调冷凝器，及时清洁附着其上的污垢 2. 在寒冷季节，每周需要打开空调制冷一次，让制冷剂内所含润滑油循环 3. 检查空调副水箱液位是否在高、低位刻度线之间，如缺少则需添加相同型号冷却液 4. 如发现空调制冷效果下降，则需及时到正规授权修理店进行检查
轮胎检查（充气、检查、保养）	
	维护保养（胎压检查）： 建议每天目视检查轮胎。如果发现某一轮胎变瘪，则应立即用胎压计进行检测。每月至少用胎压计测量胎压一次 注意： 1. 应在检查全部轮胎时顺便检查备用轮胎 2. 充气不足会导致轮胎磨损不均匀，并影响驾驶操纵和耗电量，还可能因过热而漏气 3. 使用充气过度的轮胎会降低行驶舒适性，且使轮胎更容易因路面不平而受损，严重时有爆胎风险，威胁行车安全 温馨提示： 1. 推荐胎压值标注在驾驶人侧门框上的标牌上 2. 无内胎轮胎在被刺破时，具有自封闭功能。但仍会缓慢漏气，因此应及时找出漏气的部位，补胎或换胎

（续）

轮胎检查（充气、检查、保养）	
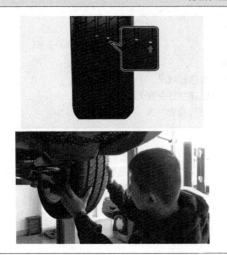	维护保养（胎面及胎壁检查）： 1. 检查胎面或胎壁是否损伤或凸起，如存在这两种情况，则应更换轮胎 2. 检查胎壁是否有刮伤、裂缝或断裂。如能看到轮胎布或帘线，则应更换轮胎 3. 检查胎面有无过度磨损 注意： 1. 车辆轮胎的胎面内部铸有磨损标记。当胎面磨损至使此标记露出时，表示轮胎只剩下厚度不足1.6mm的胎面，磨损至这种程度的轮胎，在湿滑路面上的附着力很小 2. 若胎面上出现3条或更多的磨损标记，则应更换轮胎
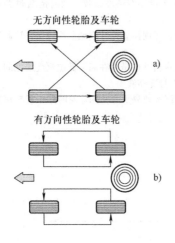	维护保养（轮胎保养）： 1. 如果发现轮胎磨损不均匀，则应检查车轮定位状态 2. 车辆出厂前已进行过轮胎动平衡，但在行驶一段时间后，可能需要重新进行轮胎动平衡 3. 建议每6000km重新对轮胎进行一次动平衡 4. 轮胎修补后一定要重新进行动平衡 5. 安装新轮胎或更换新车轮时，一定要进行动平衡 6. 为延长轮胎使用寿命并使轮胎磨损均匀，应每行驶6000km调换一次轮胎位置。若车辆临时使用备胎，则按图a所示方式调换 7. 购买更换轮胎时，要注意有些轮胎是"有方向性的"，这意味着这种轮胎只能向一个方向换位。若使用有方向性的轮胎，则换位时只能前后轮对调，见图b所示。若是全尺寸备胎，则换位时参照图a操作。若备用胎轮辋和现用轮胎轮辋不同，则不建议换位 注意： 1. 不合适的车轮平衡块会卡装不牢固、易脱落，行车时可能伤害到车辆或周边物体 2. 不合适的车轮平衡块会损坏车辆的铝合金轮辋，因此，必须使用与原车型号相同的车轮平衡块
警告： 1. 使用过度磨损、胎压过低或过高的轮胎可能引发事故，造成人身伤亡 2. 须遵照保养手册中关于轮胎充气及保养的说明操作	
车身外观及灯光照明信号系统检查	
	维护保养： 1. 每月检查一次前照灯、小灯、尾灯、高位制动灯、转向信号灯、前雾灯、后雾灯、制动灯及牌照灯的状况 2. 检查行李箱盖及车门是否开关自如、上锁牢固 3. 检查喇叭是否正常

项目1 新能源汽车的日常维护

2.2 丰田普锐斯车主自行检查项目

车辆工位、设备工具准备	
	维护保养： 1. 车辆安全停放于举升工位 2. 配套安全防护设备 3. 配套日常检查常用工具

制动液液位检查	
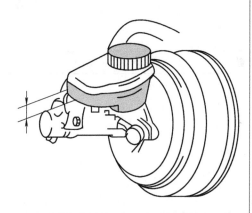 	维护保养： 1. 查看储液罐液位，应处于高、低位刻度线之间 2. 如果液位处于低位刻度线以下，则要检查储液罐及管路是否有泄漏部位或制动片是否磨损 注意： 1. 应每月检查一次储液罐内的液位，制动液应依照定期保养表中规定的行驶时间与里程数进行更换 2. 务必使用与原车型号相同的制动液，且不同型号的制动液不能混合使用
	维护保养： 1. 检查制动踏板是否操作正常 2. 检查驻车制动踏板是否操作正常

（续）

发动机液位检查	
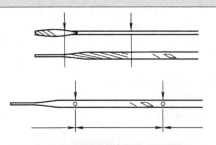	维护保养： 1. 检查发动机机油量，应在高、低位刻度线之间 2. 检查机油颜色 注意：检查需要在发动机停机 5min 后进行
冷却液液位检查	
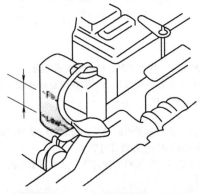	维护保养： 1. 检查散热器储液罐液位，应在高、低位刻度线之间 2. 检查冷却系统有无泄漏现象 3. 如冷却液过少，则需使用与原车型号相同的冷却液，无需添加任何混合剂
风窗洗涤装置检查	
	维护保养： 1. 正常使用时每月至少检查一次液位 2. 应添加优质洗涤液防止寒冷天气冻结 3. 在添加洗涤液时，用干净的布蘸洗涤液擦拭刮水器刮片，这有助于刮片刃口保持良好的密封状态

项目 1　新能源汽车的日常维护

（续）

风窗洗涤装置检查	
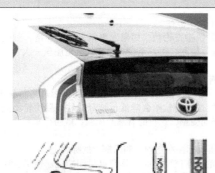	注意： 1. 应每月检查一次储液罐中洗涤液的存量，因天气不好而频繁使用洗涤液时，应在每次充电时检查洗涤液存量 2. 切勿向风窗玻璃洗涤器储液罐内注入醋水溶剂和防冻剂。防冻剂会损坏车辆的表面漆，醋水溶剂会损坏风窗玻璃洗涤器电动机。应使用厂家推荐的风窗玻璃洗涤液
空调系统检查	
	维护保养： 1. 定期检查散热器及空调冷凝器，及时清洁附着其上的污垢 2. 在寒冷季节，每周需要打开空调制冷一次，让制冷剂内所含润滑油循环 3. 检查空调副水箱液位，应在高、低位刻度线之间，如缺少则需添加相同型号的冷却液 4. 如发现空调制冷效果下降，则需及时到正规授权修理店进行检查
蓄电池检查	
 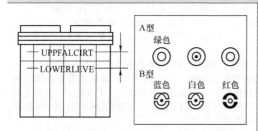	维护保养： 1. 检查蓄电池指示颜色确定其工作性能 2. 检查蓄电池桩头有无氧化、锈蚀等异常现象

（续）

轮胎检查	
	维护保养（胎压检查）： 建议每天目视检查轮胎。如果发现某一轮胎变瘪，则应立即用胎压计进行检测，每月至少用胎压计测量胎压一次 注意： 1. 应在检查轮胎时顺便检查备胎 2. 充气不足会导致轮胎磨损不均匀，还可能因过热而漏气 3. 使用充气过度的轮胎会降低行驶舒适性，且使轮胎更容易因路面不平而受损，严重时有爆胎风险，威胁行车安全 温馨提示： 1. 推荐胎压值标注在驾驶人侧门框上的标牌上 2. 无内胎轮胎在被刺破时，具有自封闭功能。但仍会缓慢漏气，因此应及时找出漏气的部位，补胎或换胎
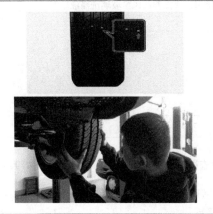	维护保养（胎面及胎壁检查）： 1. 检查胎面或胎壁是否损伤或凸起。如存在这两种情况，则应更换轮胎 2. 检查胎壁是否有刮伤、裂缝或断裂。如能看到轮胎布或帘线，则应更换轮胎 3. 检查胎面有无过度磨损 注意： 1. 车辆轮胎的胎面内部铸有磨损标记。当胎面磨损至使此标记露出时，表示轮胎只剩下厚度不足1.6mm的胎面，磨损至这种程度的轮胎，在湿滑路面上的附着力很小 2. 若胎面上出现3条或更多的磨损标记，则应更换轮胎
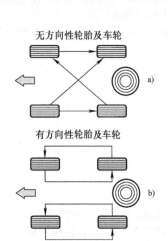	维护保养（轮胎保养）： 1. 如果发现轮胎磨损不均匀，则应检查车轮定位状态 2. 车辆出厂前已进行过轮胎动平衡，但在行驶一段时间后，可能需要重新进行轮胎动平衡 3. 建议每6000km重新对轮胎进行一次动平衡 4. 轮胎修补后一定要重新进行动平衡 5. 安装新轮胎或更换新车轮时，一定要进行动平衡 6. 为延长轮胎使用寿命并使轮胎磨损均匀，应每行驶6000km调换一次轮胎位置。若车辆临时使用备胎，则按图a所示方式调换 7. 购买更换轮胎时，要注意有些轮胎是"有方向性的"，这意味着这种轮胎只能向一个方向换位。若使用有方向性的轮胎，则轮胎换位时，只能前后轮对调，见图b所示。若是全尺寸备胎，则换位时参照图a操作。若备用胎轮辋和现用轮胎轮辋不同，则不建议换位 注意： 1. 不合适的车轮平衡块会卡装不牢固、易脱落，行车时可能伤害到车辆或周边物体 2. 不合适的车轮平衡块会损坏车辆的铝合金轮辋。因此必须使用与原车型号相同的车轮平衡块

警告：
1. 使用过度磨损、胎压过低或过高的轮胎可能引发事故，造成人身伤亡
2. 须遵照保养手册中关于轮胎充气及保养的说明操作

项目 1　新能源汽车的日常维护

（续）

车身外观及灯光照明信号系统检查	
	维护保养： 1. 每月检查一次前照灯、小灯、尾灯、高位制动灯、转向信号灯、前雾灯、后雾灯、制动灯及牌照灯的状况 2. 检查行李箱盖及车门是否开关自如、上锁牢固 3. 检查喇叭是否正常

任务 2　新能源汽车店内日常维护项目

一、任务引入

随着技术日趋成熟，以及国家针对新能源汽车的各项优惠政策相继出台，纯电动汽车及油电混合动力汽车越来越受到广大人民群众的青睐。与传统汽车相比，新能源汽车在店内日常维护保养方面又有哪些不同呢？

二、任务要求

知识要求：

- 掌握新能源汽车店内日常维护的特点。
- 掌握新能源汽车店内日常维护检查项目的操作规范及标准。

技能要求：

- 能独立完成新能源汽车的日常维护项目。

职业素养要求：

- 严格执行汽车检修规范，养成严谨科学的工作态度。
- 尊重他人劳动，不窃取他人成果。
- 养成总结训练结果的习惯，为下次训练积累经验。
- 养成团结协作精神。
- 严格执行 5S 现场管理。

13

三、相关知识

1. 新能源汽车"严酷使用条件"定义

与传统汽车一样，混合动力汽车和纯电动汽车通常有两种类型的保养计划：一种是汽车正常行驶的保养计划，另一种是车辆有其他非正常行驶要求的保养计划。第二种常被称为"严酷使用条件下的保养（severe service）"或"严酷工况（severe operation）的保养"或"特殊行驶条件（special operating conditions）的保养"。在这种情况下，维护保养的周期往往被缩短，需要更加频繁的保养检查。严酷使用条件的定义因汽车制造商不同而不同。

以下介绍三个车型的严酷行驶条件定义，涉及三种车型：纯电动汽车、混合动力汽车和插电式混合动力汽车。

（1）比亚迪 e5

比亚迪 e5 的"严酷行驶条件"：

① 经常在多尘的地区行驶，或经常暴露在含盐的空气中。
② 经常在颠簸的路面、有积水的路面或山路上行驶。
③ 在寒冷地区行驶。
④ 频繁地使用制动器、经常紧急制动。
⑤ 经常作为牵引拖车使用。
⑥ 作为出租车使用。
⑦ 在 32℃以上的温度下，在交通拥挤的市区行驶时间超过总行驶时间的 50%。
⑧ 在 30℃以上的温度下，以 120km/h 以上的车速行驶时间超过总行驶时间的 50%。
⑨ 经常超载行驶。

（2）丰田普锐斯

丰田 2012 款普锐斯混合动力汽车的"特殊行驶条件"定义为：

① 在低于冰点的温度下，经常进行 5mile（约 8km）以下距离的多次往返。
② 经常过度空转和/或进行长距离的低速行驶（例如作为出租车使用）。
③ 经常在多尘的地区行驶，例如在泥泞路或尘土飞扬的道路上行驶。

（3）雪佛兰沃蓝达

2013 款雪佛兰沃蓝达插电式混合动力汽车的"严酷工况下必要额外保养项目"适用于有下列情况的车辆：

① 在炎热的天气下，主要行驶于拥挤的城市中。
② 主要行驶于丘陵或山区地形中。
③ 经常作为牵引拖车使用。
④ 用于高速驾驶或竞赛性驾驶。
⑤ 作为出租车、警车或运输车使用。

有些车辆可能会以限制性的规定来表示或代替严酷使用条件。例如，2013 款雪佛兰沃蓝达在车主手册中就规定"本车不可用于牵引用，无论是用于牵引拖车或牵引任何其他车辆"，这句话表示该车的严酷使用条件包括将汽车作为牵引拖车使用。技术人员务必查看车辆的保养指南中关于严酷使用条件的定义，准确了解车辆在什么样的行驶条件下需要增加什么额外保养服务。

项目 1　新能源汽车的日常维护

2. 新能源汽车的日常维护项目

由于新能源汽车的类型较多，我们将分混合动力汽车、纯电动汽车两种类型来探讨新能源汽车日常维护项目。

2.1　混合动力汽车的日常维护项目

（1）风冷式动力电池组的保养

大部分的风冷式动力电池组并不需要进行保养操作。但是也有一些例外，比如 2005—2012 年款的福特翼虎混合动力 SUV，它的动力电池组通风系统使用的是干式滤芯，必须定期检查或更换。打开车辆行李箱盖，从左侧内部嵌板处拆下检修小面板，便能看到滤芯。

有些风冷式动力电池组可通过车辆的空调系统直接冷却。在这种情况下，每次检查动力电池组时也应查看空调系统是否能正常工作。

虽说多数风冷式动力电池组并不直接由车辆的空调系统冷却，但在炎热的天气，车辆空调系统输出的冷气也有利于使动力电池组降温，因为动力电池组冷却系统输出的冷风是从汽车驾驶舱中抽入的。然而，如果动力电池组在炎热天气里运作了很长时间，而车辆的空调系统不工作，则动力电池组的使用寿命可能会受影响。

在对混合动力汽车进行检修前，技术人员应查看技术服务公告（TSB），以确定是否有关于某个系统反复出现某种故障的通知。例如，在有些 2010—2012 年款丰田普锐斯出租车中已经发现，动力电池组冷却风扇的笼型电动机被灰尘和杂物堵塞后容易出现动力电池组冷却问题。技术服务公告对这个问题做了详细说明，并建议更换质量更好的冷却风扇进口网，并对车辆电源管理 ECU 进行软件更新，同时车辆每行驶 25000mile（约 4 万 km）后要对动力电池组冷却风扇进行一次检查。

有些混合动力汽车制造商建议定期对动力电池组进行检查，这种定期检查必须在授权经销商处进行。日产公司要求在使用满 5 年后必须提交"混合动力汽车电池使用情况报告"，且 5 年后每年都要提交这样的报告，作为车辆动力电池组能被保修的前提条件。

（2）水冷式动力电池组的保养

若需要，则多数水冷式动力电池组的冷却系统可在低温环境下用作动力电池组的加热系统。很多水冷式动力电池组的冷却系统与其他水冷式高压部件共享冷却回路。

不同车辆的动力电池组冷却系统的工作模式可能存在明显区别。下面以第一代雪佛兰沃蓝达动力电池组的冷却、加热系统作例子，介绍部分细节。

如图 1-2-1 所示，2011—2013 年款雪佛兰沃蓝达采用三个独立的制冷系统：

① 发动机冷却系统。
② 动力电池组冷却系统。
③ 电控冷却系统（变频器和车载充电器）。

雪佛兰沃蓝达的动力电池组冷却系统使用的部件包括：一个配备了 2 个 12V PWM 散热器冷却风扇的专用散热器、一个 12V 冷却液泵、一个冷却液流量控制阀和一个被称为冷却器的制冷剂/冷却液热交换器。冷却系统与汽车的空调系统相通。安装在动力电池组内部的高压 PTC 加热器在需要时会对动力电池组的冷却液进行加热。

雪佛兰沃蓝达的车辆集成控制模块（VICM）会对以下情况进行监控：

① 动力电池组冷却液温度。
② 单体动力电池的温度。

③ 冷却液的温度。

④ 冷却液的压力。

获得以上参数后，VICM 确定动力电池组所需的冷却或加热的幅度，并据此来控制冷却液泵和冷却液流量控制阀。VICM 可根据需要，让散热器冷却风扇和空调压缩机运作，从而使动力电池组冷却，也可使高压加热器工作，从而为动力电池组加热。甚至还可在车辆充电时根据需要对动力电池组进行冷却或加热。

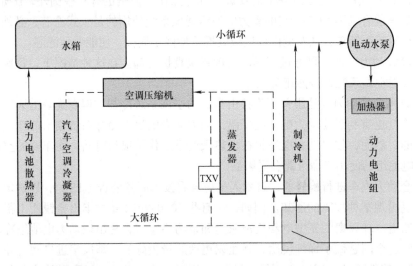

图 1-2-1　2011-2013 年款雪佛兰沃蓝达的三个独立冷却系统

雪佛兰沃蓝达的动力电池组冷却系统采用了由 Dex-Cool 和去离子水（de-ionized water）按 1∶1 比例混合成的冷却液。禁止使用自来水作冷却液，因为自来水可能会影响底盘搭铁线的高压绝缘效果和冷却系统的性能，甚至可能会腐蚀动力电池组的部件。每行驶 150000mile（约 24 万 km）或使用 5 年就要更换动力电池组冷却系统的冷却液，以先到者为准。对于符合严酷使用条件的汽车，其冷却液更换周期保持不变。

很多混合动力汽车的水冷系统，包括雪佛兰沃蓝达汽车的水冷系统，在进行冷却液加注作业时很难不让空气进入。此外，想要将进入系统的空气排出也可能很困难、很耗时。为缓解这一问题，通用汽车公司要求对雪佛兰沃蓝达的动力电池组冷却系统进行加注作业时，必须使用专用的气动真空排气工具与加注工具。

（3）插电式混合动力汽车动力电池组的单体电池电荷均衡

许多插电式混合动力汽车使用车载电池平衡电路，对电压较高的单体电池进行放电处理，使其电压与电压较低的单体电池均衡，从而实现高压电池的荷电量（SOC）最大化，如图 1-2-2 所示。

插电式混合动力汽车制造商也可能会采用某种维修服务操作来进行单体电池的检修，通过这种操作程序来定期检查车辆动力电池组内单体电池电荷是否均衡，也可在出现诊断故障码时检测单体电池的电荷不均衡问题。如果检测到不均衡，则会使用特殊设备连接动力电池组，对动力电池组进行相应处理。插电式混合动力汽车单体电池的电压监测如图 1-2-3 所示。

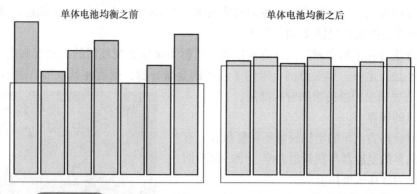

图 1-2-2　插电式混合动力汽车动力电池组的单体电池电荷均衡

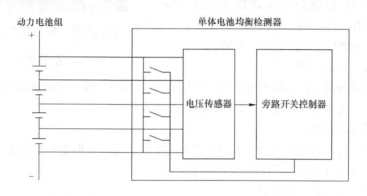

图 1-2-3　插电式混合动力汽车单体电池的电压监测

（4）变频器的保养

混合动力汽车变频器的电控部件通常不需要保养，大多数变频器最多只有几个可更换部件。然而，若保养车辆使用的是水冷式变频器，则要定期更换冷却液。有些混合动力汽车的变频器冷却液初次更换是在车辆行驶 105000mile（约 169000km）后，此后某些车辆的冷却液更换周期可能会缩短很多。

变频器冷却系统的最大压力通常标注在变频器膨胀箱盖上，如图 1-2-4 所示。

混合动力汽车变频器的冷却液通常与制造商使用的发动机冷却液类型相同或相似。技术人员务必要查看汽车制造商对冷却液的要求，不能使用市场上销售的"万能"冷却液来更换变频器冷却液。

有些制造商出售预先混合好的冷却液，也有些制造商销售浓缩冷却液。浓缩冷却液必须与去离子水以适当比例（一般为 1∶1）进行稀释。注意，预先混合好的冷却液不能再稀释，浓缩冷却液不能用自来水稀释。

图 1-2-4　变频器冷却系统最大压力

有些变频器冷却系统运行时产生的压力比传统发动机的冷却系统要低很多。在检测系统完好性时，注意不能对系统过度加压。同时还要注意在使用真空加注器和排空器时，不要过度抽真空。

某些混合动力汽车的变频器液体更换间隔可能只有45000mile（约72000km），而某些混合动力汽车甚至没有更换变频器液体的要求。

有些混合动力汽车的变频器设计有流体盘，可拆下来检查变频器的拾油管和滤网，也可检查滤网的磁性是否足够。如果滤网上吸附了过多的金属异物，则需将其取下。图1-2-5所示为2001款丰田普锐斯变频器的拾油管和滤网。

（5）电机的保养

大多数混合动力汽车的电机通常不需要保养。有些混合动力汽车的变速器与变频器共享一个冷却液回路，且有相同的冷却液更换要求。

（6）DC/DC变换器的保养

水冷式DC/DC变换器需要定期更换冷却液。DC/DC变换器的冷却液回路可以是独立安装的，也可以作为其他部件的冷却液回路的一部分。

图1-2-5 2001款丰田普锐斯变频器的拾油管和滤网

（7）PTC加热器的保养

某些插电式混合动力汽车所用的水冷式高压PTC加热器，需要定期更换冷却液。高压PTC加热器的冷却液回路通常与其他部件的冷却液回路集成在一起。

（8）充电设备的保养

有些插电式混合动力汽车所用的水冷式车载充电器，需要定期更换冷却液。高压PTC加热器的冷却液回路通常与其他部件的冷却液回路集成在一起。

（9）高压电动空调系统的保养

很多混合动力汽车的空调系统都使用电动空调（AC）压缩机。这些压缩机通常为涡旋压缩机，即使用高压交流电动机来驱动涡旋组件。高压交流电动机集成于压缩机组件中，且通常是由空调系统的制冷剂来冷却的。由于空调系统的润滑油通常需要混合在制冷剂中并在空调系统中循环，电动空调系统必须使用非导电性润滑油。

以下是部分汽车厂家使用的空调系统润滑油类型：

① 福特（Motorcraft）：YN-32电动空调压缩机润滑油。

② 通用（Delphi）：润滑油的型号由不同的应用需求决定。

③ 本田（Sanden）：SE-1OY电动空调压缩机润滑油。

④ 丰田/雷克萨斯（Denso）：ND-11电动空调压缩机润滑油。

根据很多非导电性冷冻机油的生产商建议，油罐口一旦敞开，则使用后剩余的冷冻机油必须扔掉。因为非导电性冷冻机油会因吸收空气中的水分而变质。

为避免对非导电性空调系统冷冻机油造成污染和浪费，技术人员应先检查混合动力汽车机舱盖下的标签，上面注明了空调系统使用哪种冷冻机油。如果没有找到标签，则应查阅汽车厂家的维修信息，以确定冷冻机油型号。因为有些汽车厂家可能使用不止一种非导电性冷冻机油，技术人员务必要根据所检修车辆的要求选择正确的冷冻机油。

在对混合动力汽车或纯电动汽车的电动空调系统进行检修时，技术人员应使用空调专用压力表。空调专用制冷剂回收机也可用来回收含有非导电性冷冻机油的制冷剂。

（10）混合动力汽车和插电式混合动力汽车发动机的检修

混合动力汽车和插电式混合动力汽车的燃油发动机都会使用机油，如5W-20、5W-30或

0W-20。某个发动机所使用的机油规格一般可在机油加注口盖、车辆的车主手册、车主保养指南或汽车厂家维修信息上查到。有些汽车制造商允许用户在无法找到符合黏度和油品等级要求的机油的情况下,使用其他机油替代。但在这种情况下,机油检查更换的周期可能要缩短。

如果所使用的机油黏度不符合规定,例如,如果用 0W-20 机油替代 5W-30 机油,则混动和插电式混动汽车的发动机机油消耗量会增大。

如果混合动力汽车停放在升降台上,且发动机没有运转,则非专业人员可能会认为其已经断电。但技术人员不应当这么想当然,必须先确认混合动力汽车已经断电(由 READY 变为 OFF),然后才能更换机油和滤清器,或进行其他检修作业。

部分混合动力汽车的 MAF(空气流量)传感器在检修时容易因不当操作而污染。通常情况下,在准备对空气滤清器进行检修时,车辆空气滤清器壳的盖子要取下来。在检修过程中,一个很小的污染物,如一片树叶落入节气门体孔并卡到 MAF 传感器中,都会堵住传感器的气流并导致传感器检测到的空气流量过低。发生这种情况可能使车辆无法起动。

在发动机起动过程中,很多混合动力汽车通过电机以大约 1000r/min 的转速带动发动机曲轴转动。如果发动机短时内不起动,则电机带动曲轴转动的时间可能会延长。以 1000r/min 转速被曲轴带动起动的发动机听起来很像是一台怠速运转中的发动机,技术人员如果不熟悉混合动力汽车的曲轴起动模式,可能会认为发动机在起动并转动几秒后就熄火了。这显然会使诊断变得复杂起来。

很多混合动力汽车使用很大的车身底板,旨在平缓车身底部的气流,防尘并提高车辆的工作效率。在更换混合动力汽车发动机机油及其滤清器时,技术人员可能需要拆下部分或全部的车身底板。部分车辆,比如图 1-2-6 所示的 2011 年款丰田普锐斯就安装了铰链式检修板,以便技术人员在不拆卸整个车身底板的情况下就对车辆进行检修作业。

2.2 纯电动汽车的日常维护项目

纯电动汽车除在动力源、驱动方式上与普通汽车不同外,其他系统部件大致相同。在日常保养中,风窗洗涤液、轮胎气压、制动性能等常规检查项目与普通车辆相同。

纯电动汽车的行驶与供电系统密不可分。因此,"三电"部分的维护保养尤为重要。

图 1-2-6　2011 年款丰田普锐斯安装了铰链式检修板

(1)动力电缆线的维护

① 动力电缆线外观的检查,包括电缆线的绝缘层、插接件自锁装置有无损坏,插接件内表面有无烧蚀,电缆线有无老化。

② 用数字兆欧表检测电缆线的绝缘性。

③ 检查电缆线插接件有无松脱。

④ 检查电缆线是否与金属摩擦。

(2)动力电池的维护

① 检查动力电池组的外壳有无变形、密封条有无老化。

② 用万用表检查各动力电池模组的电压和总电压。
③ 检查动力电池温度传感器的阻值是否偏大。
④ 检查动力电池的采集模块线束有无松脱。
⑤ 检查各动力电池模组的接线柱螺栓有无松动、变色、烧蚀等现象。
⑥ 6个月或10000km时检查单体电池有无变形、漏液。
⑦ 纯电动客车运营2年后要做动力电池容量测试。纯电动轿车运行4年后要做动力电池容量测试。
⑧ 连接诊断仪检测有无故障码。

（3）电机及电机控制器的维护
① 检查电机控制器输入端的接头螺栓或插头有无松动、接触面有无烧蚀现象。
② 检查电机接线柱上的螺栓有无松动、变色、烧蚀等现象。
③ 检查电机三相电缆线的绝缘性，绝缘层有无破损，电缆线有无老化。
④ 检查电机的旋变线圈插接件有无松脱，检查电机的温度传感器插接件有无松脱。
⑤ 检查电机及电机控制器的散热水泵和散热风扇工作是否正常。
⑥ 每60000km或3年更换电机及控制器的冷却液。
⑦ 每45000km更换电机的齿轮油。
⑧ 检查DC/DC输入、输出电缆线的外观、绝缘性，低压蓄电池或铁电池的接头有无松动。
⑨ 连接诊断仪检测电机及电机控制器有无故障码。

（4）空调系统的维护
① 检查电动压缩机的输入电缆线插接件有无松动。
② 检查电动压缩机端的电缆线接头螺栓是否松动、表面有无烧蚀。
③ 检查鼓风机、散热风扇是否工作正常。
④ 清洁空调滤清器，清洁空调散热器上的杂物。
⑤ 连接诊断仪检测空调系统有无故障码。

（5）电动助力转向的维护
① 检查转向电机的电缆线插接件有无松脱，检查转向ECU插头、各传感器的插头有无松脱。
② 检查转向球头有无磨损、松动。
③ 连接诊断仪检测电动助力转向系统有无故障码。

（6）充电系统的维护
① 正确掌握充电时间：提出新车后必须及时补充电能，保持动力电池在充满状态。在使用过程中，要根据实际情况，参考平时使用频率及行驶里程，准确把握充电时间。正常行驶时，如果电量表指示红灯和黄灯点亮，则应去充电。如果只有红灯点亮，则应停止运行，尽快充电，过度放电会缩短动力电池寿命。充电时间不宜过长，否则会形成过度充电，使车辆动力电池发热。过度充电、过度放电和充电不足都会缩短动力电池使用寿命。在充电过程中，若动力电池温度超过65℃，则应停止充电。

② 保护好充电器：纯电动汽车使用说明书上都有关于保护充电器的说明。另外，需要注意的是充电时要保持充电器的通风，否则既影响充电器的寿命，还可能发生热漂移影响充电，对动力电池形成损伤。

③ 定期深放电：动力电池定期进行一次深放电也有利于"活化"，此举可略微提升动力电

池的容量。动力电池经过第一次欠压保护后，经过一段时间后电压还会上升，又恢复到非欠压状态，这时候如果再使用动力电池，对动力电池的伤害很大。在完成完全放电后，对动力电池进行完全充电，动力电池容量有所提升。

④ 保持电能充足：纯电动汽车在日常使用中，要保持电池的足电状态，控制好车速，最佳行驶里程为最长行驶里程的1/3~2/3。如果每天行驶10~20km的，则最好每两天补充电能一次；如果日行驶里程大于50km，则应当天就补充电能，使动力电池长期处于"吃饱状态"。用完了闲置几天再充电，极易出现硫化，导致动力电池容量下降。

⑤ 避免充电时插头发热：电源插头或充电器输出插头松动、接触面氧化等现象都会导致插头发热，发热时间过长会使插头短路或接触不良，损害充电器和动力电池，带来不必要的损失。当发现上述情况时，应及时清除氧化物或更换插接件。

⑥ 严禁存放时亏电：车辆动力电池在存放时严禁处于亏电状态。亏电状态指动力电池使用后没有及时充电。在亏电状态下存放动力电池，很容易出现硫酸盐化，硫酸铅结晶物附着在极板上，会堵塞电离子通道，造成充电不足，动力电池容量下降。纯电动汽车的动力电池需充足电后储存，并每月补充电一次，以保持健康状态，避免长期亏电导致动力电池极板进入硫酸盐化亏电状态。车辆闲置时间越长，动力电池损坏越重。

⑦ 避免大电流放电：纯电动汽车在起步时，要均匀加速，尽量避免猛踩加速踏板，形成瞬间大电流放电。大电流放电容易导致硫酸铅结晶，进而损害动力电池极板的物理性能。动力电池不能放置在密封容器内，不要接近明火。不要将动力电池抛入火中或浸没在水中，严禁在阳光下直接暴晒。停车时一定要关闭车内所有电源。

（7）纯电动汽车的清洗

纯电动汽车的清洗应按照正常方法，清洗过程中要注意避免水流入车辆的充电插座内，避免车身线路短路。在下列情况下，这些行为会引起车身漆层的剥落或导致车身和零部件腐蚀，最好马上清洗车辆。

① 在沿海公路行驶后。
② 在撒有融雪剂的路面上行驶时。
③ 沾有油脂等杂物时。
④ 在空气里含有大量灰尘、铁屑或化学物质的地区行驶时。

在使用纯电动汽车的过程中，要定期检查各处电器件，保证不进水、无灰尘。如果纯电动汽车的续航里程在短时间内突然大幅度下降十几千米，则很有可能是动力电池组中至少有一个单体电池出现问题。车主要及时到代理商维修部进行检查、修复或配组，延长动力电池组的寿命，最大程度地节省日后维修车辆的开支。

纯电动汽车应避免放在潮湿、温度过高或有腐蚀性气体的场所，还要注意避免烈日暴晒和雨淋。

四、任务实施

1. 任务准备

安全防护：做好车辆安全防护与隔离（车内外三件套、车轮挡块、警示隔离带等）。
工具设备：数字万用表、绝缘防护用品、绝缘工具套装、常规工具套装。

台架车辆：比亚迪 e5 教学版整车和普锐斯整车。
辅助资料：汽车保养手册、教材。

2. 实施步骤

2.1 比亚迪 e5 店内日常维护项目

车辆工位、设备工具准备	
	维护保养： 1. 车辆安全停放于举升工位 2. 配套安全防护设备 3. 配套日常检查常用工具
车辆保养计划	

	任务说明（车主用户手册）：
	  1. 计划保养的间隔，可参看计划表，按里程表的读数或时间间隔而定，以先到者为准
	  2. 定期保养表列出了为保持车辆始终处于最佳运行状态所必须进行的全部保养项目

车辆防腐蚀	

	维护保养：
	  在车身底部难以够到的部位积满盐碱、灰尘；轻微碰撞或石块和砂砾划破油漆层或底层会引起车身腐蚀
	  1. 检查车身的油漆和装饰件油漆层，若有碎片或裂纹，应立刻修补，以防止腐蚀
	  2. 检查车厢内部有无积液或积尘，确保地毯下面干燥
	  3. 检查挡泥板有无损坏或脱落

（续）

洗车及漆面保养	
	维护保养： 1. 及时清除车身表面灰尘 2. 雨后及时清洗车辆防止酸性雨水损伤漆面 3. 勿在烈日和高温下洗车 4. 擦洗车辆时用清洁柔软的棉布或海绵 5. 对一些特殊的腐蚀性极强的痕迹（如沥青、鸟粪、昆虫等）要及时清除 6. 请勿用带有油污的脏手触摸车身漆面或用油抹布随意擦洗漆面 7. 漆面若无明显划痕，请勿轻易进行二次喷漆，以防止漆色不合或结合不好 8. 如发现漆面有伤痕、凹陷或脱落，则及时进行修补 9. 对镀铬金属件的清洗，应使用炭精清洗剂，定期对其上蜡保护 10. 对车身装饰件的清洗，要用质量合格的洗涤剂，上蜡时请勿用力过重，避免穿透漆面
动力舱内检查	
 	维护保养： 检查确认制动液量、蓄电池电解液量、冷却液量、洗涤液量符合标准
	维护保养： 1. 检查高压线束及低压线束连接情况 2. 用兆欧表检查各高压部件绝缘电阻，应符合规定要求 3. 起动车辆，检查电机等部件有无异响、漏油或异味等现象

（续）

动力舱内检查

车辆外观检查
 维护保养： 1. 检查车辆表面有无腐蚀 2. 检查灯光装置外观是否良好

驾驶舱内检查
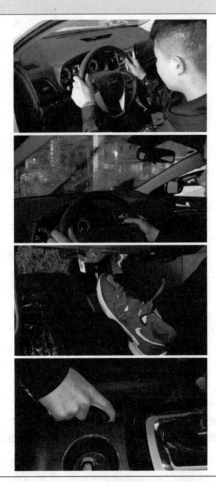 维护保养： 1. 驻车制动器检查 2. 电机运转状况及仪表指示灯检查 3. 制动踏板检查 4. 洗涤液喷射装置及刮水器检查 5. 灯光及信号指示灯检查

项目 1　新能源汽车的日常维护

（续）

车辆底盘检查	
	维护保养： 1. 安全举升车辆 2. 检查车辆底盘有无漏液等异常现象
	维护保养： 检查动力电池连接线束有无磨损、脱落等异常现象
	维护保养： 检查轮胎有无异常磨损、龟裂、凸起等异常现象
行驶状态检查	
	维护保养： 1. 制动效果检查 2. 电机低速及加速性能检查 3. 行驶过程中有无异响、噪声等异常现象
充电系统检查	
	维护保养： 1. 检查充电接口有无杂物、充电盖板是否牢固可靠 2. 连接充电系统，检查车辆充电状况

25

2.2 丰田普锐斯店内检查项目

车辆工位、设备工具准备	
	维护保养： 1. 车辆安全停放于举升工位 2. 配套安全防护设备 3. 配套日常检查常用工具
发动机舱内检查	
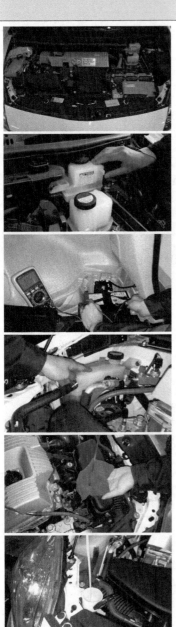	维护保养： 1. 制动液量 2. 蓄电池电解液量 3. 发动机机油量 4. 冷却液量 5. 洗涤液量 6. 空气滤清器

（续）

发动机舱内检查	

车辆状况检查	
	维护保养： 1. 检查轮胎气压及磨损状况 2. 灯光装置外观检查
驾驶舱内检查	
  	维护保养： 1. 驻车制动器及制动踏板检查 2. 发动机运转状况及仪表指示灯检查 3. 洗涤液喷射装置及刮水器检查 4. 灯光及信号指示灯检查
行驶状态检查	
	维护保养： 1. 制动效果检查 2. 发动机怠速及加速状态检查

项目 2　新能源汽车的定期保养

项目描述

本项目共2个学习任务，分别是：
任务1　混合动力汽车的保养周期与内容
任务2　纯电动汽车的保养周期与内容
通过2个任务的学习，熟悉新能源汽车定期保养的特点，能独立完成新能源汽车的定期保养项目。

任务1　混合动力汽车的保养周期与内容

一、任务引入

新能源汽车在底盘和电器部分与传统汽车基本一致，两者最大区别在于驱动部分。在定期保养过程中，传统汽车主要针对的是发动机系统的保养，需要定期更换机油、机油滤清器等。混合动力汽车与普通燃油汽车的区别在于拥有可独立驱动车辆的电机和单独的动力电池组模块。为确保车辆保持最佳状态，混合动力汽车该如何进行定期保养呢？

二、任务要求

知识要求：

- 掌握混合动力汽车的保养周期。
- 熟悉新能源汽车定期保养的特点。

技能要求：
- 能独立完成丰田普锐斯车辆的40000km保养内容。

职业素养要求：
- 严格执行汽车检修规范，养成严谨科学的工作态度。
- 尊重他人劳动，不窃取他人成果。
- 养成总结训练结果的习惯，为下次训练积累经验。
- 养成团结协作精神。
- 严格执行5S现场管理。

三、相关知识

下面以丰田普锐斯为例，对混合动力汽车保养周期和内容进行介绍。

1. 官方手册上的基本保修期说明

混合动力汽车和普通燃油汽车的区别在于拥有独立驱动车辆的电机和单独的动力电池组模块，因此在官方手册上我们看到一汽丰田对此有单独的保修范围限制：

① 车辆的基本保修期为36个月或行驶里程达到10万km为止。
② HV（混合动力）蓄电池的保修期为60个月或行驶里程达到20万km。
③ 车载的普通12V蓄电池则拥有24个月或行驶里程5万km的保修期。
④ 易损零件的保修期为6个月或行驶里程1万km以内。一汽丰田所规定的易损零件包括空气滤清器滤芯、机油滤清器、燃油滤清器、空调滤清器、传动带、火花塞（除铂金火花塞、铱电极火花塞）、制动摩擦片、熔丝、灯泡（除密封型前照灯、卤素灯泡和氙气前照灯灯泡）、刮水器刮片等。

注意：以上时间均自4S店为用户提供的保修手册中的交车日期当天起计算，车辆过户不会影响第二任车主的保修保养服务。

每次有偿性更换原厂配件后，仍然享受保修，比如在行驶到10万km时更换了火花塞，那么这套新的火花塞也是享受6个月或2万km质保的。但若是铱电极火花塞，则继续享受1年或2万km质保。

2. 官方手册上的保养周期说明

一汽丰田4S店与官方手册执行完全相同的保养周期，根据厂方保养手册的信息，新款普锐斯车型每6个月或行驶里程达到5000km时需要回到4S店进行保养，除首保完全免费外，第二次保养可以免除工时费。

3. 零配件的更换周期

配件的更换方面，机油滤清器每6个月或5000km保养时均需更换。空气滤清器的更换周期为10000km/次。燃油滤清器建议每8万km进行检查，正常情况下15万km内必须更换一次；空调滤清器则不按里程数计算，每次保养都需做检查清洁工作，正常使用环境下需每年更换两次；制动液和自动变速器油更换周期均为4万km/次，其中自动变速器油采用循环替换法进行内部彻底清洗。普锐斯车型采用的铱电极火花塞需8万km更换一次。

一汽丰田的保养周期见表 2-1-1。

表 2-1-1 保养周期

序号	项目内容	5000 km	10000 km	1.5 万 km 或 18 个月	2 万 km 或 24 个月	2.5 万 km 或 30 个月	4 万 km 或 48 个月
	更换项目						
1	机油	●	●	●	●	●	●
2	机油滤清器	●	●	●	●	●	●
3	放油螺塞垫片	●	●	●	●	●	●
4	添加传动轴润滑脂（仅限大型车）		●		●		●
5	四轮换位		●		●		●
6	后部空调滤清器（皇冠，每 1.5 万 km）			●			
7	空调滤清器（每 3 万 km）						
8	空气滤清器						●
9	制动液						●
10	自动变速器油（每 8 万 km，仅限部分车型）						
11	差速器油（仅限部分车型）						●
12	差速器油放油螺塞垫片（仅限部分车型）						●
13	燃油滤清器（每 8 万 km）						
	检查项目						
1	传动带	●	●	●	●	●	●
2	冷却和加热系统						●
3	发动机冷却液	●	●	●	●	●	●
4	排气管和装配件				●		●
5	蓄电池	●	●	●	●	●	●
6	燃油箱盖、燃油管、接头和燃油蒸气控制阀						●
7	活性炭罐						●
8	加速踏板和离合器踏板	●	●	●	●	●	●
9	制动踏板和驻车制动器		●		●		●
10	制动摩擦衬片和制动鼓				●		●
11	制动摩擦衬块和制动盘	●	●	●	●	●	●
12	制动管和软管				●		●

项目 2 新能源汽车的定期保养

（续）

序号	项目内容	5000 km	10000 km	1.5万km或18个月	2万km或24个月	2.5万km或30个月	4万km或48个月
检查项目							
13	制动液	●	●	●	●	●	
14	离合器油（仅限手动档车型）		●		●		●
15	动力转向液（仅限部分车型）	●			●		●
16	转向盘、连杆和转向机壳			●			●
17	驱动轴防尘套				●		●
18	悬架球头和防尘罩			●			●
19	手动/自动变速器油						
20	前、后悬架装置			●			●
21	轮胎和充气压力	●	●	●	●	●	●
22	所有车灯、喇叭、刮水器和喷水器	●	●	●	●	●	●
23	空调滤清器	●	●	●	●	●	●
24	空调制冷剂量				●		
25	分动器油（仅限大型车）						●
26	底盘螺栓螺母的紧固情况	●	●	●	●	●	●
27	传动轴套（仅限大型车）				●		●
28	传动轴螺栓（仅限大型车）			●			
29	空气滤清器	●	●	●		●	
30	差速器油（仅限部分车型）				●		
31	手动变速器变速杆（卡罗拉，2/3ZR 发动机）						
32	前差速器油（普锐斯）						●

四、任务实施

1. 任务准备

安全防护：做好车辆安全防护与隔离（车内外三件套、车轮挡块、警示隔离带等）。

工具设备：数字万用表、兆欧表、绝缘防护用品、绝缘工具套装、常规工具套装、冷却系统 AirLift 专用工具、道通 MS908E 汽车智能诊断仪。

台架车辆：普锐斯整车。

辅助资料：汽车保养手册、教材。

2. 实施步骤

2.1 丰田普锐斯每 5000km 或 1 万 km 保养内容

图 2-1-1 所示为丰田普锐斯每 5000km 或 1 万 km 保养工单（图 2-1-1~图 2-1-3 所示工单为丰田公司专业维修店所实际使用，工单中的技术术语与国标稍有差异，为方便读者参考未更改，特此说明）。

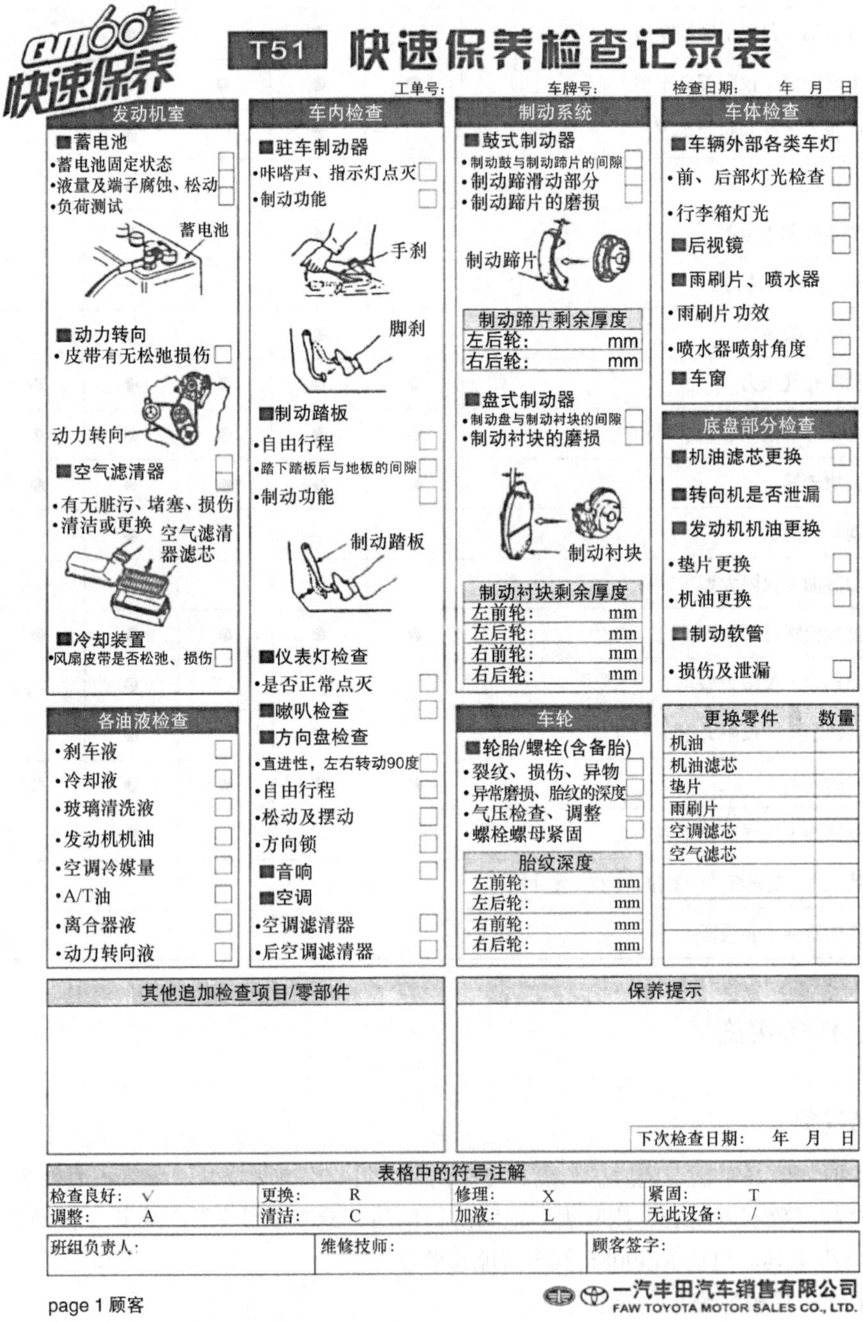

T51 快速保养检查记录表

工单号： 车牌号： 检查日期： 年 月 日

发动机室
- ■蓄电池
  - 蓄电池固定状态
  - 液量及端子腐蚀、松动
  - 负荷测试
- ■动力转向
  - 皮带有无松弛损伤
- ■空气滤清器
  - 有无脏污、堵塞、损伤
  - 清洁或更换空气滤清器滤芯
- ■冷却装置
  - 风扇皮带是否松弛、损伤

各油液检查
- 刹车液
- 冷却液
- 玻璃清洗液
- 发动机机油
- 空调冷媒量
- A/T 油
- 离合器液
- 动力转向液

车内检查
- ■驻车制动器
  - 咔嗒声、指示灯点灭
  - 制动功能
  - 手刹
  - 脚刹
- ■制动踏板
  - 自由行程
  - 踏下踏板后与地板的间隙
  - 制动功能
  - 制动踏板
- ■仪表灯检查
  - 是否正常点灭
- ■喇叭检查
- ■方向盘检查
  - 直进性，左右转动90度
  - 自由行程
  - 松动及摆动
  - 方向锁
- ■音响
- ■空调
  - 空调滤清器
  - 后空调滤清器

制动系统
- ■鼓式制动器
  - 制动鼓与制动蹄片的间隙
  - 制动蹄滑动部分
  - 制动蹄片的磨损
  - 制动蹄片
- 制动蹄片剩余厚度
  - 左后轮 mm
  - 右后轮 mm
- ■盘式制动器
  - 制动盘与制动衬块的间隙
  - 制动衬块的磨损
  - 制动衬块
- 制动衬块剩余厚度
  - 左前轮 mm
  - 左后轮 mm
  - 右前轮 mm
  - 右后轮 mm
- **车轮**
  - ■轮胎/螺栓（含备胎）
  - 裂纹、损伤、异物
  - 异常磨损、胎纹的深度
  - 气压检查、调整
  - 螺栓螺母紧固
- 胎纹深度
  - 左前轮 mm
  - 左后轮 mm
  - 右前轮 mm
  - 右后轮 mm

车体检查
- ■车辆外部各类车灯
  - 前、后部灯光检查
  - 行李箱灯光
  - 后视镜
  - 雨刷片、喷水器
  - 雨刷片功效
  - 喷水器喷射角度
  - 车窗

底盘部分检查
- 机油滤芯更换
- 转向机是否泄漏
- 发动机机油更换
- 垫片更换
- 机油更换
- 制动软管
- 损伤及泄漏

更换零件	数量
机油	
机油滤芯	
垫片	
雨刷片	
空调滤芯	
空气滤芯	

其他追加检查项目/零部件

保养提示

下次检查日期： 年 月 日

表格中的符号注解

检查良好	√	更换	R	修理	X	紧固	T
调整	A	清洁	C	加液	L	无此设备	/

班组负责人： 维修技师： 顾客签字：

page 1 顾客 一汽丰田汽车销售有限公司 FAW TOYOTA MOTOR SALES CO., LTD.

图 2-1-1 每 5000km 或 1 万 km 保养工单

项目 2 新能源汽车的定期保养

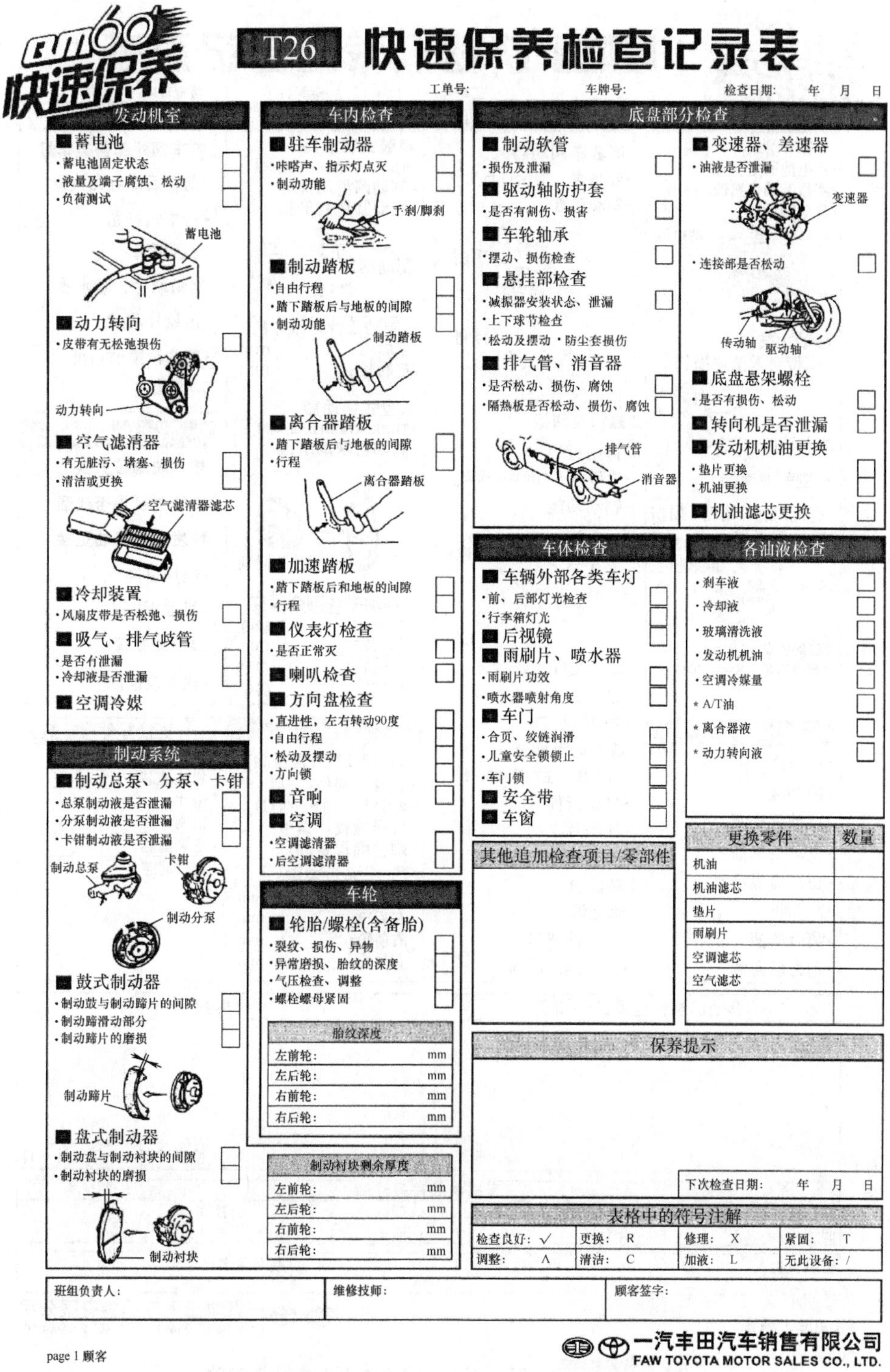

2.2 丰田普锐斯每 2 万 km 或每 6 万 km 保养内容

图 2-1-2 所示为丰田普锐斯每 2 万 km 或每 6 万 km 保养工单。

图 2-1-2 每 2 万 km 或每 6 万 km 保养工单

2.3 丰田普锐斯每 3 万 km 或每 5 万 km 保养内容

图 2-1-3 所示为丰田普锐斯每 3 万 km 或每 5 万 km 保养工单。

QM60 快速保养　T51 快速保养检查记录表

工单号：　　　车牌号：　　　检查日期：　年　月　日

发动机室
- ■ 蓄电池
  - 蓄电池固定状态
  - 液面及端子腐蚀、松动
  - 负荷测试
- ■ 动力转向
  - 皮带有无松弛损伤
- ■ 空气滤清器
  - 有无脏污、堵塞、损伤
  - 清洁或更换
- ■ 冷却装置
  - 风扇皮带是否松弛、损伤

各油液检查
- 刹车液
- 冷却液
- 玻璃清洗液
- 发动机机油
- 空调冷媒量
- A/T 油
- 离合器液
- 动力转向液

车内检查
- ■ 驻车制动器
  - 咔嗒声、指示灯点灭
  - 制动功能
- ■ 制动踏板
  - 自由行程
  - 踏下踏板后与地板的间隙
  - 制动功能
- ■ 仪表灯检查
  - 是否正常点灭
- ■ 喇叭检查
- ■ 方向盘检查
  - 直进性，左右转动 90 度
  - 自由行程
  - 松动及摆动
  - 方向锁
- ■ 音响
- ■ 空调
  - 空调滤清器
  - 后空调滤清器

制动系统
- ■ 鼓式制动器
  - 制动鼓与制动蹄片的间隙
  - 制动蹄滑动部分
  - 制动蹄片的磨损
- 制动蹄片剩余厚度
  - 左后轮　　mm
  - 右后轮　　mm
- ■ 盘式制动器
  - 制动盘与制动衬块的间隙
  - 制动衬块的磨损
- 制动衬块剩余厚度
  - 左前轮　　mm
  - 左后轮　　mm
  - 右前轮　　mm
  - 右后轮　　mm

车轮
- ■ 轮胎/螺栓（含备胎）
  - 裂纹、损伤、异物
  - 异常磨损、胎纹的深度
  - 气压检查、调整
  - 螺栓螺母紧固
- 胎纹深度
  - 左前轮　　mm
  - 左后轮　　mm
  - 右前轮　　mm
  - 右后轮　　mm

车体检查
- ■ 车辆外部各类车灯
- 前、后部灯光检查
- 行李箱灯光
- ■ 后视镜
- ■ 雨刷片、喷水器
- 雨刷片功效
- 喷水器喷射角度
- ■ 车窗

底盘部分检查
- ■ 机油滤芯更换
- ■ 转向机是否泄漏
- ■ 发动机机油更换
- 垫片更换
- 机油更换
- ■ 制动软管
- 损伤及泄漏

更换零件　数量
更换零件	数量
机油	
机油滤芯	
垫片	
雨刷片	
空调滤芯	
空气滤芯	

其他追加检查项目/零部件

保养提示

下次检查日期：　年　月　日

表格中的符号注解

检查良好	√	更换	R	修理	X	紧固	T
调整	A	清洁	C	加液	L	无此设备	/

班组负责人：　　　维修技师：　　　顾客签字：

一汽丰田汽车销售有限公司
FAW TOYOTA MOTOR SALES CO., LTD.

page 1 顾客

图 2-1-3　每 3 万 km 或每 5 万 km 保养工单

项目 2　新能源汽车的定期保养

2.4　丰田普锐斯每 4 万 km 保养内容

下面以每 4 万 km 保养内容为例，讲解实际操作过程。

车辆工位、设备工具准备

维护保养：
1. 车辆安全停放于举升工位
2. 配套安全防护设备
3. 配套日常检查常用工具

发动机检查更换项目

维护保养（冷却液检查与维修）：
冷却液的检查：
1. 检查散热器储液罐液位，应在高、低位刻度线之间
2. 检查冷却系统有无泄漏现象
3. 如冷却液过少，需添加与原车型号相同的冷却液，无需添加任何混合剂

冷却系统数据检查：
1. 通过观察和触摸，检查车辆的发动机是否冷却
2. 使车辆进入 IG-ON 模式，并创建自定义数据表，包括冷却液温度、散热器出水温度、水流量阀（电压）
3. 按"BEGIN"开始计时，持续观察 10min 后给车辆上电，发动机关闭后观察停止并回答以下问题：
① 开始时观察的冷却液温度是多少
② 开始时观察的散热器出口温度是多少
③ 在水流量阀处观察到的电压是多少，电压如何变化
④ 电压的变化说明了什么

冷却系统的维护：
1. 取下车辆发动机散热器盖
2. 拉下左前翼子板衬套的前部，靠近散热器
3. 拔下冷却液储热水泵连接器
4. 找到发动机冷却系统的三个排水塞：
① 冷却液蓄热槽（位于发动机舱左前方，黄色塑料材质）
② 散热器的左侧角落（位于下散热器管的上方，黄色塑料材质）
③ 发动机缸体的朝后一侧
5. 排出冷却液，结束时拧紧全部三个排水塞

可以对发动机冷却系统进行加注作业，可以使用 AirLift 工具，也可以不使用。如果没有使用 AirLift 工具，则将一根软管连接到散热器排放孔，软管的另一端连接到储水箱
① 如果不使用 AirLift 工具，则松开散热器放气塞
② 如果使用 AirLift 设备，则要在系统中形成真空
③ 为散热器加注 SLLC 冷却液
④ 如果散热器放气塞之前被松开，则现在要将其拧紧
⑤ 安装散热器盖，连接水泵的接头，接通车辆电源
6. 用解码仪激活水泵，检查冷却液液位
7. 重复步骤 3~6。如果有必要，则添加冷却液，并激活冷却液泵
8. 预热发动机，并检查加热器工作情况
9. 重新检查循环情况，确保冷却液液位正常
注意：
这一过程中可能会出现故障码。在冷却液操作步骤结束后删除故障码

（续）

发动机检查更换项目	
	维护保养（蓄电池检查）： 1. 检查蓄电池指示颜色确定其工作性能 2. 检查蓄电池桩头有无氧化锈蚀等异常现象
 	维护保养： 检查活性炭罐、燃油管路及接头、燃油箱盖
	维护保养： 检查空调滤清器、空调制冷剂量
   	维护保养（发动机机油更换）： 1. 更换机油、机油滤清器、放油螺塞垫片 2. 更换空气滤清器

项目 2　新能源汽车的定期保养

（续）

车辆底盘更换检查项目	
	维护保养： 检查紧固车辆底盘附件的螺栓
	维护保养： 检查制动盘、制动卡钳、制动片、制动管路
	维护保养： 检查横拉杆、转向机构、传动轴螺栓及防尘罩
	维护保养： 1. 检查前后轮胎悬架、轮胎 2. 进行轮胎换位
	维护保养： 更换制动液

37

（续）

车辆底盘更换检查项目	

驾驶室内检查	
	维护保养： 检查仪表工作指示灯、各功能开关、安全带等部件
	维护保养： 检查制动踏板及驻车制动器
	维护保养： 读取车辆信息，检查是否有故障码

（续）

车辆外观检查	
	维护保养： 检查车辆外观有无变形、腐蚀
	维护保养： 检查灯光、喇叭、刮水器、喷水器功能及信号指示系统

任务 2　纯电动汽车的保养周期与内容

一、任务引入

为保持最佳状态，纯电动汽车需要像传统汽车那样定期保养，例如每年或 2 万 km 更换空调滤芯；每两年或 4 万 km 更换制动液；每次保养检查底盘、灯光、轮胎等常规部件。纯电动汽车靠电机驱动，因此不需要机油、三滤、传动带等常规保养，只需对动力电池组和电机进行一些常规检查，并保持其清洁即可。由此可见，纯电动汽车的保养比传统汽车要省事不少。

二、任务要求

知识要求：

- 掌握纯电动汽车保养周期。
- 熟悉新能源汽车定期保养的特点。

技能要求：

- 能独立完成比亚迪 e5 的 45000km 保养项目。

职业素养要求：

- 严格执行汽车检修规范，养成严谨科学的工作态度。
- 尊重他人劳动，不窃取他人成果。

- 养成总结训练结果的习惯，为下次训练积累经验。
- 养成团结协作精神。
- 严格执行 5S 现场管理。

三、相关知识

1. 纯电动汽车的定期保养

纯电动汽车和燃油汽车保养工作上最大的区别就是，燃油汽车主要针对的是发动机系统的保养，需要定期更换机油、机滤等，而纯电动汽车主要是针对动力电池组和电机进行日常养护。

纯电动汽车的动力电池组与电机代替了燃油汽车的发动机，其变速器与燃油汽车的变速器也略有不同，但底盘和电器部分与燃油汽车基本一致。为保持最佳状态，纯电动汽车需要像燃油汽车那样定期养护，例如每年或 2 万 km 更换空调滤清器，每两年或 4 万 km 更换制动液，每次保养检查底盘、灯光、轮胎等常规部件。

通常情况下，纯电动汽车保养项目包括制动系统、空调系统、充电系统、底盘部分检查、车身部分检查、动力电池系统检查、冷却系统检查、转向系统检查、附加项目等 9 个大项目，共计近 50 个小项。

首先，在纯电动汽车保养过程中，高压线束检测的重要性不言而喻。

这个环节主要是检查高压线束的导电性和绝缘性。像传统汽车的燃油系统一样，高压线束的好坏直接决定纯电动汽车能不能开和安全与否的问题。检测用仪器是万用表，检测过程是将连接动力电池的线束与电源控制器分离，然后用探针逐个测试，如在规定数值内则判定为合格。值得注意的是，大多数汽车厂家对高压线束保修时间为 5 年。

其次，动力电池组检测也极为重要。大家在购买纯电动汽车时，都会关心动力电池的寿命，国内汽车厂商的纯电动汽车，多采用磷酸铁锂电池，它比普通手机中使用的锂离子电池寿命更长、充放电更快、安全性更高。通常，磷酸铁锂电池可满充、满放电 2000 次以上，按照一年充 200 次计算，动力电池可有将近 10 年的使用寿命。

动力电池检测是通过一台检测电脑和数据连接器实现的，检测时需要拆下汽车的仪表板下挡板。连接电脑后，就可使用动力电池检测软件轻松看到各类动力电池信息，包括动力电池成组的情况、动力电池电压、电量、温度、CAN 总线通信状态等。如果有个别单体电池出现问题，则会影响整个动力电池的工作状态。

2. 官方手册上的定期保养说明

下面以比亚迪 e5 为例，对纯电动汽车的保养周期和内容进行讲解。

2.1 定期保养的好处

定期保养很重要，也是必要的。比亚迪汽车有限公司极力主张根据保养周期对 e5 车型进行保养，定期保养有助于：节省电量，延长车辆的使用寿命，享受驾车的乐趣，行驶安全，行车稳定，符合国家标准的规定。

2.2 车辆保养计划

① 比亚迪 e5 保养计划用于保证行车稳定性、减少故障发生概率、确保安全且经济的驾驶。

② 计划保养的间隔，可参看计划表，按里程表的读数或时间间隔确定，以先到者为准。

项目 2　新能源汽车的定期保养

③ 对于已经超过最后期限的保养项目，也应在同样的时间间隔里进行保养。

④ 橡胶软管（用于冷气/暖气系统和制动系统）应按本车保养计划，由专业技术人员进行检查。软管只要有劣化或损坏就应立刻更换，否则会导致膨胀、磨损或破裂。

⑤ 定期保养表列出了保持车辆始终处于最佳运行状态必做的全部保养项目。

⑥ 保养工作应依照比亚迪汽车有限公司的标准及规格，由受过正规培训并精通业务的技术人员进行。比亚迪汽车授权服务店均符合这些要求。

保养时，应使用与原车型号相同的零部件、油液或其同等级替代品。这些物品与比亚迪新车上的原装件一样，均为高品质产品，能保证完美地配合车辆无故障运行。

3. 官方手册上的保养周期说明

表 2-2-1 为比亚迪 e5 的保养计划，表中 "I" 表示必要时检查、修正或更换，"**I**" 表示恶劣工况需要增加的项目，R 表示更换、改变或检查。

表 2-2-1　比亚迪 e5 保养计划表

保养间隔 \ 保养项目	x1000km	7.5	15	22.5	30	37.5	45	52.5	60	67.5	75	82.5	90	97.5	105	112.5	120
	月数	6	12	18	24	30	36	42	48	54	60	66	72	78	84	90	96
1. 检查紧固底盘部件固定螺栓		I	I	I	I	I	I	I	I	I	I	I	I	I	I	I	I
2. 检查制动踏板和电子驻车开关		I	**I**	I	**I**	I	**I**	I	**I**	I	**I**	I	**I**	I	**I**	I	**I**
3. 检查制动摩擦块和制动盘		I	I	I	I	I	I	I	I	I	I	I	I	I	I	I	I
4. 检查制动系统管路和软管		I	I	I	I	I	I	I	I	I	I	I	I	I	I	I	I
5. 制动钳总成导向销			I		I		I		I		I		I		I		I
6. 检查转向盘、拉杆		I	I	I	I	I	I	I	I	I	I	I	I	I	I	I	I
7. 检查传动轴防尘罩		I	**I**	I	**I**	I	**I**	I	**I**	I	**I**	I	**I**	I	**I**	I	**I**
8. 检查球销和防尘罩		I	**I**	I	**I**	I	**I**	I	**I**	I	**I**	I	**I**	I	**I**	I	**I**
9. 检查前后悬架装置		I	**I**	I	**I**	I	**I**	I	**I**	I	**I**	I	**I**	I	**I**	I	**I**
10. 检查轮胎和重启压力（TPMS）		I	I	I	I	I	I	I	I	I	I	I	I	I	I	I	I
11. 检查前轮定位、后轮定位		I	**I**	I	**I**	I	**I**	I	**I**	I	**I**	I	**I**	I	**I**	I	**I**
12. 轮胎调换		**I**	**I**	**I**	**I**	**I**	**I**	**I**	**I**	**I**	**I**	**I**	**I**	**I**	**I**	**I**	**I**
13. 检查车轮轴承有无游隙		I	**I**	I	**I**	I	**I**	I	**I**	I	**I**	I	**I**	I	**I**	I	**I**
14. 检查副水箱内冷却液液面高度		I	I	I	I	I	I	I	I	I	I	I	I	I	I	I	I
15. 更换驱动电机冷却液		每 4 年或 10 万 km 更换长效有机酸型冷却液，以先到者为准															
16. 检查制动液		I	I	I	I	I	I	I	I	I	I	I	I	I	I	I	I
17. 更换制动液		每行驶 2 年或 4 万 km 更换一次															
18. 减振器油		免更换															
19. 检查高压模块故障码（记录后清除）		I	I	I	I	I	I	I	I	I	I	I	I	I	I	I	I

（续）

保养间隔	x1000km	7.5	15	22.5	30	37.5	45	52.5	60	57.5	75	82.5	90	97.5	105	112.5	120
保养项目	月数	6	12	18	24	30	36	42	48	54	60	66	72	78	84	90	96
20. 检查动力电池托盘、防撞杆		I	I	I	I	I	I	I	I	I	I	I	I	I	I	I	I
21. 容量测试及校正		每 7.2 万 km 或 6 个月															
22. 检查和更换变速器内的齿轮油		首保 6 个月 /5000km, 后续 48000km/24 个月															
23. 检查动力总成是否漏液、磕碰		I	I	I	I	I	I	I	I	I	I	I	I	I	I	I	I
24. 检查高压线束或插接件是否松动		I	I	I	I	I	I	I	I	I	I	I	I	I	I	I	I
25. 检查高压模块外观是否变形、是否有油液		I	I	I	I	I	I	I	I	I	I	I	I	I	I	I	I
26. 检查各充电块外观是否变形、是否有油液		每年															
27. 空调滤清器		I	R	I	R	I	R	I	R	I	R	I	R	I	R	I	R
28. 更换空调冷却液		每 4 年或 10 万 km 更换长效有机酸型冷却液，以先到者为准															
29. 检查灯具灯泡、LED 灯是否正常点亮		I	I	I	I	I	I	I	I	I	I	I	I	I	I	I	I
30. 检查前照灯调光功能是否正常		I	I	I	I	I	I	I	I	I	I	I	I	I	I	I	I
31. 近光灯初始下倾度校准		每隔 1 万 km 校准一次															
32. 检查 EPS 搭铁处是否异常或被烧蚀		I	I	I	I	I	I	I	I	I	I	I	I	I	I	I	I
33. 检查 EPS 插接件是否松动，插接件引脚是否被烧蚀		I	I	I	I	I	I	I	I	I	I	I	I	I	I	I	I
34. 检查 EPS ECU 外表是否被腐蚀		I		I		I		I		I		I		I		I	
35. 检查车身损坏情况		每年															
36. 检查发动机舱盖锁及其紧固件		每年															

四、任务实施

1. 任务准备

安全防护：做好车辆安全防护与隔离（车内外三件套、车轮挡块、警示隔离带等）。

工具设备：数字万用表、兆欧表、示波器、绝缘防护用品、绝缘工具套装、常规工具套装、道通 MS908E 汽车智能诊断仪、充电桩。

台架车辆：比亚迪 e5 教学版整车。

辅助资料：汽车保养手册、教材。

项目 2 新能源汽车的定期保养

2. 实施步骤

2.1 比亚迪汽车车辆委托维修派工单

图 2-2-1 所示为比亚迪汽车车辆委托维修派工单。

一路同驰骋 BYD 比亚迪汽车 BYD AUTO	比亚迪汽车　　　　　有限公司车辆委托维修派工单		
顾客姓名：	联系电话：	地址：	服务顾问：
身份证号：		VIN：	派工单号：
车型：	车牌号：	发动机号：	接车日期：
购车日期：	生产日期：	行驶里程：	交车时间：
随车工具及附件状况：工具□　千斤顶□　点烟器□　备胎□　轮罩□　精灭火器□　（有：打√　无：打×）			

车辆检查项目

车身外观情况

车身及漆面状况	□	□	雨刮片状况	□	□
前后灯状况	□	□	前后保险杠状况	□	□
车门玻璃状况	□	□	前(左右)轮胎状况	□	□
后(左右)轮胎状况	□	□	天窗状况	□	□
邮箱注油口盖	□	□	前后风挡玻璃状况	□	□

车内部情况

座椅及风饰状况	□	□	剩余燃油状况	0□　1/4□　1/2□　3/4□　1□
喇叭/指示/警告灯	□	□		
车内是否有贵重物品	有□	无□		
车辆检查项目说明：	好：打√		损坏(有故障)：打×	

外观缺损：　有□　无□

序号	报修项目	维修项目	C、G、E	维修班组	工时费(元)	更换备件	辅料
1							
2							
3							
4							
5							
6							

说明：　C：检修　　G：调整　　E：更换

顾客要求：　　　　　　　　　　　　　　　　顾客签字(盖章)：

建议维修或增补项目

顾客签字(盖章)：

车辆清洁状况：	干净□	不干净□	顾客凭此联提：请妥善保管
维修班组签字(盖章)：		质检员签字(盖章)：	**顾客联(每一联)**

说明：本派工单一式三份，顾客联(第一联)、车间联(第二联)、财务联(第三联)，双方签字后，派工单上所记录内容均要遵守。

图 2-2-1　比亚迪车辆委托维修派工单

2.2 比亚迪 e5 每 4.5 万 km 保养内容

下面以每 4.5 万 km 保养内容为例，讲解实际操作过程。

车辆工位、设备工具准备
 维护保养： 1. 车辆安全停放于举升工位 2. 配套安全防护设备 3. 配套日常检查常用工具

动力舱内检查
  维护保养： 1. 检查散热器储液罐液位，应在高、低位刻度线之间 2. 检查冷却系统有无泄漏现象 3. 如冷却液过少，则需添加与原车型号相同的冷却液，无需添加任何混合剂 注意：应在每次充电时检查散热器副水箱
维护保养： 检查电机控制器、高压控制盒、DC/DC 变换器"三合一"总成是否漏液、磕碰、变形
 维护保养： 检查高压线束及插接件有无松动、烧蚀、氧化等异常现象

（续）

动力舱内检查	
	维护保养： 检查 EPS ECU、连接线束、插接件及搭铁点有无松动、变形、老化等异常现象
	维护保养： 检查充电口有无异物、烧蚀等异常情况
	维护保养： 更换空调滤清器
车辆底盘检查	
	维护保养： 检查车辆底盘紧固螺栓
	维护保养： 1. 检查制动盘、制动片、制动软管、制动钳总成及导向销，并更换制动液 2. 检查车轮轴承有无游隙
	维护保养： 1. 检查转向横拉杆及球头 2. 检查传动轴、防尘罩及前后悬架总成

（续）

车辆底盘检查	
	维护保养： 检查动力电池托盘及防撞杆
	维护保养： 1. 进行轮胎换位并检查轮胎气压、磨损状况，检查轮胎轴承状况 2. 进行轮胎调换及定位
驾驶室内检查	
	维护保养： 检查仪表板工作指示灯、各功能开关、安全带等相关部件
 	维护保养： 检查制动踏板及驻车制动

（续）

驾驶室内检查	
	维护保养： 读取车辆信息，检查是否有故障码
车辆外观检查	
	维护保养： 1. 检查车辆外观有无变形、腐蚀 2. 检查灯光及信号指示系统

项目 3

新能源汽车的故障诊断

项目描述

本项目共 5 个学习任务，分别是：
任务 1　新能源汽车诊断设备的操作使用与故障诊断流程
任务 2　高压驱动组件的故障排查
任务 3　新能源汽车整车故障排查
任务 4　充电系统的故障排查
任务 5　动力电池系统的故障排查
通过 5 个任务的学习，能够建立新能源汽车故障诊断思路，能对新能源汽车故障码、数据流进行分析，能够独立完成新能源汽车的故障诊断工作。

任务 1　新能源汽车诊断设备的操作使用与故障诊断流程

一、任务引入

新能源汽车技术先进，涉及高电压系统，结构复杂。新能源汽车出现故障该如何进行检修呢？要想快速排除新能源汽车故障，就必须通过确认故障现象、读取故障码、定格数据和数据流、主动测试等方法进行检修。同时要准备整车电气原理、整车二维线束图、整车电器控制策略等资料，并准确识读和掌握。

二、任务要求

知识要求：

- 熟悉新能源汽车故障诊断流程。

项目 3　新能源汽车的故障诊断

- 掌握新能源汽车诊断设备的使用规范。

技能要求：

- 能独立操作新能源汽车诊断设备。
- 能建立新能源汽车故障诊断思路。

职业素养要求：

- 严格执行汽车检修规范，养成严谨科学的工作态度。
- 尊重他人劳动，不窃取他人成果。
- 养成总结训练结果的习惯，为下次训练积累经验。
- 养成团结协作精神。
- 严格执行 5S 现场管理。

三、相关知识

1. 新能源汽车的诊断信息

1.1　新能源汽车解码仪的基本情况

当今，大部分汽车往往有数十个系统模块，且每个系统模块都自己的数据流和故障码（DTC），混合动力和纯电动汽车更是有特别复杂的自诊断系统。技术人员在职业生涯中可能既需要使用原厂解码仪，也需要使用通用解码仪。

有三种类型的解码仪可供技术人员使用：

① 常规车载自动诊断解码仪（On-Board Diagnostics Ⅱ，OBD-Ⅱ）。

② 涵盖范围更广的通用解码仪（道通、元征等品牌）。

③ 原厂解码仪（由汽车厂家开发和授权，给经销商使用）。

由于混合动力汽车驱动系统的电气组件协助控制车辆运行，在汽车出现故障时可能对排放产生不利影响，混合动力汽车的驱动系统运行通常遵循 OBD-Ⅱ 标准，在汽车数据通信连接器（DLC）、故障码（DTC）和通信标准方面有专门规定。与传统汽车一样，车型年份（MY）为 2008 年及以后的多数混合动力汽车也使用 OBD-Ⅱ CAN（控制器局域网），CAN 既是驱动系统的通信协议，也是车辆的 DLC。

虽然纯电动汽车不必使用 OBD-Ⅱ DLC 标准或 OBD-Ⅱ CAN 通信协议，但很多纯电动汽车的解码仪都使用 OBD-Ⅱ 标准。有些规模较小的纯电动汽车厂商例外，比如 Tesla（特斯拉），使用自己的专用解码仪（proprietary scan tool）。

（1）常规 OBD-Ⅱ 解码仪

常规的车载自动诊断解码仪（OBD-Ⅱ 解码仪）通常能访问车辆的发动机控制模块（ECM）并获得部分实时参数，但它很可能无法访问特定的高压驱动模块，例如动力电池组 ECU 模块（若配备）。对混合动力或纯电动汽车的技术人员来说，常规 OBD-Ⅱ 解码仪用处很少，甚至没有用处。

（2）涵盖范围更广的通用 OBD-Ⅱ 解码仪

有些通用解码仪增加了特定品牌或型号的混合动力汽车，这类解码仪可能可以访问上述高压驱动模块。但是不同品牌的解码仪，读取的数据质量变化较大。此外，这类解码仪的可访问内容后续能否更新，还取决于制造商是否愿意提供技术支持。在使用解码仪诊断问题前，技术人员应确定解码仪的功能和局限，熟悉其操作。

某些增强型解码仪：可能无法访问所有系统模块；可能无法访问特定模块中的全部数据；可能无法激活某些双向控制；某些情况下，可能数据显示不准确。

很多通用解码仪制造商会公布其解码仪涵盖的车型清单，并随新车型的发售，定期更新解码仪软件涵盖的车型。每个解码仪软件版本的对应车型及其数据涵盖范围，都可在该解码仪制造商的网站上找到。道通908解码仪如图3-1-1所示。

（3）原厂（OEM）解码仪

虽然任何解码仪均有可能出现无法正常访问或正确显示数据的情况，但相比其他解码仪，通常认为原厂解码仪能够为给定车辆品牌提供最新、最完整的数据。这是因为经销商基本只使用原厂解码仪诊断其销售的车辆，所以车辆制造商尽量保证原厂解码仪的准确性和实用性，这符合双方的最佳利益。

很多原厂解码仪（以及某几种通用解码仪）均为基于PC（个人电脑）的解码仪。即解码仪软件运行于Windows台式电脑或笔记本电脑，而不是运行于专用设备。汽车专用接口模块将PC连接到汽车，作为技术人员的电脑与汽车之间的网关。接口模块可能会接通到某个连接通信连接器的电缆，或直接与电缆整合到一起。

图3-1-1　道通908解码仪

图3-1-2所示的现代/起亚的GDS电脑解码仪读取混合动力汽车的动力电池模块数据流就使用了100多个参数识别数据（PID）。

1.2　混合动力和纯电动汽车的故障码（DTC）

大多数混合动力和纯电动汽车的故障码（DTC）遵循OBD-Ⅱ命名协议，使用5个字符的代码。第一个字符表明故障所在的系统模块，如下：

- B = 车身系统（Body）
- C = 底盘系统（Chassis）
- P = 动力总成系统（Powertrain）
- U = 网络通信（Network）

第二个字符表明该故障码的命名法：

- 0 = 美国汽车工程师学会（SAE）定义的故障码
- 1，2，3 = 汽车厂家定义的DTC

项目 3　新能源汽车的故障诊断

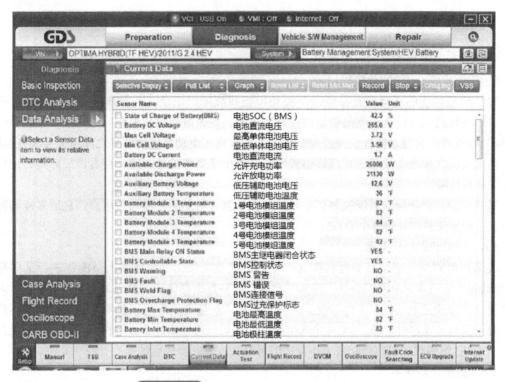

图 3-1-2　现代/起亚的 GDS 电脑解码仪

例如，P0A78 是常规的 SAE 定义的标准故障码，无论哪家汽车制造商都表示同样的含义："驱动电机'A'变频器性能异常"。

有的混合动力和纯电动汽车的制造商还会额外使用一些非 OBD-Ⅱ故障码，来更详细地定义 OBD-Ⅱ故障码代表的故障。例如，OBD-Ⅱ故障码 P0A92 定义为"混合动力发电机'A'性能异常"。但 2008 年款丰田普锐斯的制造商在设置该代码时，为 P0A92 的冻结帧记录中增加了额外的三位字符代码，称为详情码（detail code）或信息码（information code）。这样，2008 年款普锐斯的解码仪在显示 PA092 故障码时，也会显示下列四个详情码中的一个：

- 261：MG1（电机 1）磁力退化或同相短路
- 521：MG1 系统故障
- 606：MG1 功率平衡故障（小功率平衡）
- 607：MG1 功率平衡故障（大功率平衡）

每个故障码的详情都包含在了该车的维修信息中。若不参考 DTC 而直接诊断问题，技术人员可能会错误诊断该车的故障所在。

很多混合动力和纯电动汽车模块在检测到故障且判断出故障码时会记录数据冻结帧。"冻结帧"可以是单帧数据，也可以是按顺序记录的一个多帧数据列。

1.3　访问混合动力和纯电动汽车的数据流

此外，解码仪应能做到以下几点：

① 检查并列出任何可能存在的故障码（DTC）。
② 读取与故障码关联的所有冻结帧。
③ 读取系统模块的数据流。

④ 截取并记录数据流上某瞬间数据"快照",或某时段的数据变化。
⑤ 查看哪些采集模块已完成采集。
⑥ 激活与该模块相关的双向控制。
⑦ 根据需要,可清除故障码记录。

有的解码仪能够自动检查车辆所有模块以查找故障码记录。若能连接互联网,则部分汽车厂家解码仪甚至可检查车辆的模块编程是否出错,是否需要重新编程。这些整个系统范围的"全局"检查可称为健康检查或快速检查等。纯电动汽车驱动系统的部件之间可能会相互影响,因此技术人员发现某个故障码时最好用解码仪将整个车辆都检查一遍,查看该故障是否还连带导致了其他故障。

某些模块,例如制动系统控制模块等,可能设置有附加的故障码。维修信息通常能够帮助技术人员确定应首先处理哪个DTC。

1.4 快照和图形化数据

大多数解码仪能记录车辆运行期间产生的数据流变化,以便技术人员能在进行某些操作(例如试驾)之后再回放刚刚的数据流实时参数。这些数据存储或波形记录功能可帮助技术人员评估混合动力或纯电动汽车整体情况,尤其当技术人员能看到解码仪显示的故障码却听不到异响、看不到相关现象时。基于PC(个人电脑)的解码仪通常很适合显示快照数据,特别是数据图表。非PC解码仪一般也会配备大小合适的屏幕,方便查看快照数据。

1.5 数据刷新速率

解码仪显示的是串行数据:即按顺序一位一位地依次进行更新的数据,每一位数据的更新占据一个固定的时间长度。如果某给定值(例如变频器冷却剂温度)要被刷新,则解码仪上显示出变频器冷却剂温度值变化前,所有其他显示数据必须先被刷新。为此花费的时间称为解码仪的刷新速率。随时间缓慢变化的数据可能无需非常快的刷新速率,而其他数据可能要求相对快的刷新速率。刷新速率慢的解码仪可能无法捕获所有技术人员准确诊断问题所需的所有详细信息。

相比以前,应用OBD-II CAN协议的车辆,数据刷新速率会有所提升。新能源汽车的混合动力模块数据流有多达150个参数。要提升模块的刷新速率,技术人员可减少同时读取的参数数量,即减少实时参数识别数据(Parameter Identification Data, PID)。这通常能获得更快的数据刷新速率,且能让显示的数据更具有代表性。

一些解码仪在显示数据的同时显示数据刷新速率。因车型或所需数据集的不同,该数据集的刷新速率变化会很大。

1.6 双向控制与动态测试

双向控制可让技术人员命令某控制模块执行任务。双向控制也包括动态测试,比如让控制模块打开或关闭某执行器。

举个例子,比如某纯电动汽车现在检测到动力电池组过热,并生成了故障码。如果这辆汽车有双向控制功能,则技术人员可控制动力电池组冷却风扇打开或关闭,以检查气流是否充分。这可能让技术人员更快地完成诊断。

双向控制还可能包括实用程序,能控制车辆进入某些特定的运行模式。例如实用程序里包括的检查模式或者读写模式,能命令混合动力汽车的发动机持续运行并校准电动助力转向器,使该车的电动助力转向ECU识别何时前轮朝向正方。在特定模块相关的菜单下通常能找到双向控制选项。

项目 3　新能源汽车的故障诊断

2. 新能源车辆的维修信息

目前，汽车维修信息（automotive service information）的地位与解码器几乎一样重要。交通运输部、环境保护部、商务部、国家工商总局、国家质检总局、国家认监委、国家知识产权局、中国保监会联合制定了《汽车维修技术信息公开实施管理办法》，维修企业或维修技师可以通过"全国汽车维修技术信息公开服务网（http://carti.rioh.cn）"进行相关维修手册、电路图等信息的查询。

3. 新能源汽车解码仪的操作使用

MaxiSys 是道通科技研发的一套高度智能化汽车故障诊断系统。MS908E 汽车智能诊断仪（图 3-1-3）基于全新的 Android 多任务操作系统，采用 A9 四核 1.40GHz 处理器，配备 LED 电容式触摸屏，并应用 VCI 无线蓝牙连接方式，可更方便、快捷、高效地诊断汽车故障、管理客户资料和规范业务流程。

3.1 诊断仪的结构功能

3.1.1　道通 MS908E 汽车智能诊断仪功能描述

道通 MS908E 汽车智能诊断仪基本结构如图 3-1-4 所示，其功能见表 3-1-1。

图 3-1-3　道通 MS908E 汽车智能诊断仪

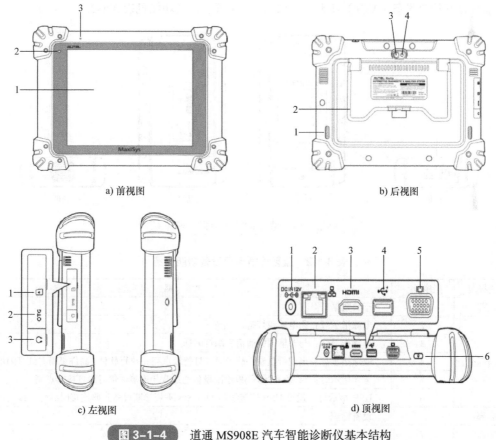

图 3-1-4　道通 MS908E 汽车智能诊断仪基本结构

表 3-1-1　道通 MS908E 汽车智能诊断仪功能介绍

视图	序号	功能
前视图	1	LED 电容式触摸屏
	2	光线传感器：用于检测周围环境的亮度
	3	传声器
后视图	1	扬声器
	2	可折叠支架
	3	照相机镜头
	4	照相机闪光灯
左视图	1	迷你 SD 卡槽
	2	迷你 USB OTG 端口
	3	耳机插口
顶视图	1	电源插口
	2	网络连线插口
	3	HDMI（高清晰度多媒体连接插口）
	4	USB 端口
	5	VGA（视频图形阵列）端口
	6	锁屏 / 电源按钮

3.1.2　蓝牙诊断接口设备

蓝牙诊断接口设备（VCI）基本结构如图 3-1-5 所示，其功能见表 3-1-2。

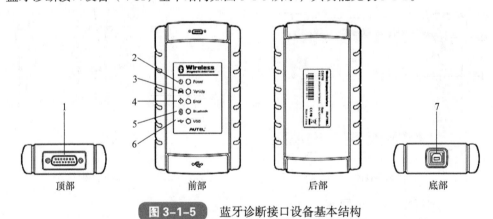

图 3-1-5　蓝牙诊断接口设备基本结构

表 3-1-2　蓝牙诊断接口设备功能介绍

视图	序号	功能
顶部	1	车辆数据口
前部	2	电源指示灯：通电后绿灯持续点亮
	3	车辆指示灯：与车辆网络通信后绿灯闪烁
	4	故障指示灯：出现严重硬件故障时红灯持续点亮；执行软件 / 固件更新时红灯闪烁
	5	蓝牙指示灯：与 MaxiSys 平板诊断设备通过蓝牙连接通信时绿灯持续点亮
	6	USB 指示灯：通过 USB 连接线与 MaxiSys 平板诊断设备正确连接时绿灯持续点亮
后部		设备标识
底部	7	USB 端口

3.1.3 诊断仪器配件 - 测试主线

VCI 设备可通过测试主线（图 3-1-6）连接 OBD-II/EOBD 兼容车辆并获得供电。通过测试主线建立 VCI 设备与车辆之间的通信后，VCI 设备可将接收到的车辆数据传送至 MaxiSys 平板诊断设备。

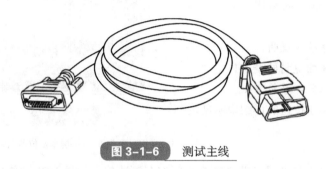

图 3-1-6　测试主线

3.1.4 诊断仪器配件 - 诊断接口

OBD-I 转接头用于连接非 OBD-II 车辆诊断座，根据所测试车辆的品牌型号选择合适的接头。常用诊断接头如图 3-1-7 所示。

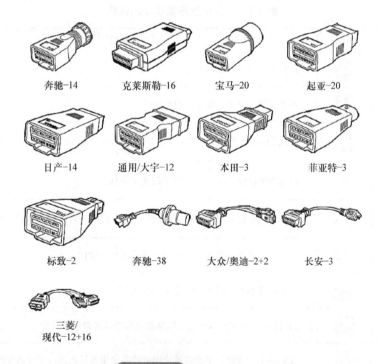

图 3-1-7　常用诊断接头

3.2 诊断仪的使用方法

诊断程序通过与 VCI 设备连接的车辆电控系统建立数据连接，可读取诊断信息，查看数据流参数，并执行动作测试。诊断应用程序可访问多个车辆控制系统的电控模块（ECM），如发动机、变速器、防抱死制动系统（ABS）、安全气囊系统（SRS）等。使用 MaxiSys 平板诊断设备前，确保设备内置电池电量充足或已连接直流电源。

3.2.1 开机

按下平板诊断设备顶部左侧的【锁屏/电源】按钮开启设备。系统启动后会显示锁定屏幕，按住并拖曳小圆圈至外圈边缘解锁屏幕，系统会显示 MaxiSys 程序菜单，如图 3-1-8 所示。

3.2.2 应用程序菜单说明

应用程序菜单详细说明见表 3-1-3。

3.2.3 屏幕定位器和导航按钮

屏幕定位器和导航按钮的详细说明见表 3-1-4。

图 3-1-8　开机画面

1—应用程序菜单　2—屏幕定位器和导航按钮　3—状态图示

3.2.4 关机

关闭 MaxiSys 平板诊断设备前必须终止所有车辆通信。如果 VCI 设备与车辆处于通信中，则关机时会显示一条警告信息。通信时强制关机可能导致一些车辆的电控模块出现问题，应在关机前退出诊断应用程序。

表 3-1-3　应用程序菜单详细说明

程序名称	图标	描述
诊断		运行及执行汽车诊断程序
数据管理		用于浏览和管理已保存的数据文件
MaxiFix		登录 MaxiFix 线上数据库，查询和浏览海量通用的维修技巧和参考信息
设置		设置 MaxiSys 系统并查看设备的基本信息
维修站管理		用于编辑和保存维修站信息及用户信息，同时查看测试车辆的历史记录
更新		查看、下载并安装 MaxiSys 系统的最新更新软件
VCI 管理		建立并管理与 VCI 设备的蓝牙通信连接
远程桌面		通过运行 TeamViewer 远程控制软件程序以接收远程支持
支持		登录线上"支持"平台连接道通公司在线服务站点进行同步通信操作
培训		存储和播放关于设备使用或车辆诊断技巧的技术教程和培训视频
快速链接		提供相关联的网站书签，快速获取产品相关的更新、服务、支持及其他信息
高清内窥镜		通过与成像头线缆连接，可以执行高清内窥镜操作，以对车辆进行仔细检查

项目 3　新能源汽车的故障诊断

表 3-1-4　屏幕定位器和导航按钮的详细说明

名称	图标	描述
屏幕定位器	●●●●	指示正在浏览的屏幕位置，左右滑动屏幕可翻看前后页面
返回	←	返回到上一个界面
主页	⌂	返回 Android 系统的主界面
最近使用程序	▭	显示在用程序的缩略图列表。点击程序缩略图可打开相应的应用程序，向右拖曳程序缩略图可关闭该程序
Chrome 浏览器	◎	启用 Chrome 浏览器
照相机	◉	短按可开启照相机，长按可进行截屏并保存图像。保存的文件会自动存储在"数据管理"应用程序中以便之后查看
显示和声音	🔅🔊	调节屏幕亮度和音频输出的音量
VCI	VCI√ VCI✗	点击打开 VCI 管理程序界面。 右下角的"√"图标表明平板诊断设备与 VCI 设备处于通信状态，若未连接则显示为"✗"
MaxiSys 快捷键	🚗	点击直接切换或返回到 MaxiSys 操作程序界面

关闭 MaxiSys 平板诊断设备方法：
① 按住【锁屏 / 电源】按钮。
② 点击【确定】后系统将在几秒内关闭。

4. 新能源汽车故障诊断流程

4.1　混合动力汽车故障诊断流程

按照图 3-1-9 所示的程序对丰田普锐斯混合动力控制系统进行故障诊断。

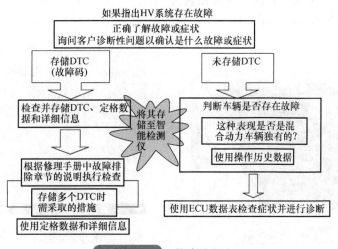

图 3-1-9　故障诊断流程

混合动力汽车具有一些性能特征。如果客户指出车辆出现故障，则询问客户诊断性问题以确认是什么故障或症状。如果不能再现故障，则定格数据极为重要。务必存储DTC信息。

4.1.1 正确了解故障或症状

诊断的第一步是正确了解客户指出的症状的详细信息。混合动力系统提供了多种DTC和诊断功能（如定格数据和操作历史数据），但是从客户处获得未受任何成见干扰的有价值的信息仍十分重要。表3-1-5所示为常见询问提示。

表3-1-5 询问诊断性问题的提示

出现前的状况	是否有任何异常现象或操作？ • 冷机或暖机？ • 自READY-ON状态起的行驶距离和行驶时间，以及路况 • 客户如何驾驶车辆
出现时的状况	时间、地点、状况的详细信息 • 故障、出现频率、路况、驾驶条件、天气、感觉或观察到该症状 • 车辆处于/未处于READY-ON状态时可以/无法进行什么操作？
出现后的状况	车辆状况及故障出现后客户进行的操作（任一警告显示、能够/不能起动等） • 故障是否持续？ • 车辆何时及在何种情况下恢复正常？

HV ECU具有自诊断系统，如果工作异常则ECU记录与故障相关的条件。HV ECU也会点亮组合仪表上的主警告灯并在多信息显示屏显示其他相关信息（图3-1-10），例如HV系统警告信息、HV蓄电池警告信息或放电警告信息。

4.1.2 DTC的检查与清除

（1）DTC的检查（HV ECU系统）

将诊断仪连接到DLC3诊断接口，打开点火开关（IG位置），打开诊断仪并连接车辆，如图3-1-11所示。

选择需要诊断的系统（如混合动力控制），并读取故障码，如图3-1-12所示。

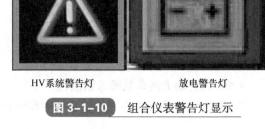

HV系统警告灯　　　放电警告灯

图3-1-10　组合仪表警告灯显示

图3-1-11　连接车辆

图3-1-12　读取故障码

项目 3 新能源汽车的故障诊断

混合动力系统 DTC 与其他系统（如发动机系统）使用的 5 位数代码不同。使用 5 位数代码和 INF 代码对故障部位进行分类，见表 3-1-6。没有详细信息（INF 代码）就无法进行故障排除。

表 3-1-6 故障部位分类

DTC（代码组）	详细信息（故障部位）	
	INF 代码	信　　息
P0AA6 （混合动力蓄电池电压系统绝缘故障）	526	所有部位（整个高压电路绝缘异常）
	611	空调压缩机和空调逆变器
	612	HV 蓄电池、蓄电池智能单元、HV 继电器总成
	613	混合动力汽车传动桥、逆变器
	614	直流高压部位
	655	后传动桥、逆变器

因此，对应不同的 INF 代码，修理手册中有不同的故障排除步骤。确保存储 DTC 和定格数据，因为如果不检查定格数据，则无法参照 INF 代码。

DTC 不代表有不正常的输出，DTC 的输出取决于一定的驾驶和操作情况。

（2）检查定格数据和信息

如果出现 DTC，则选择该 DTC 以显示其定格数据。显示 3 位信息代码（INF 代码）作为信息1~信息5线路的值，厂家专用诊断设备读取方法如图 3-1-13 所示。它可用于故障再现试验，因为其中包含检测到故障时行驶和操作的状态。

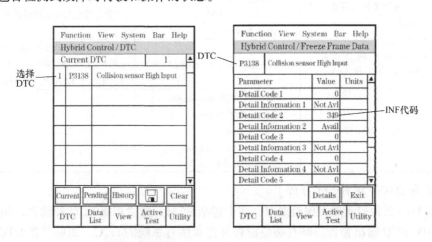

图 3-1-13　显示信息代码（INF 代码）

自信息1~信息5选择有信息代码的项，并点击查看详细信息，如图 3-1-14 所示。

通过定格数据可以了解故障出现时的驾驶条件，有助于进行故障再现测试。可在定格数据项目内找到引起故障的异常数据。定格数据中的主要详细信息见表 3-1-7。

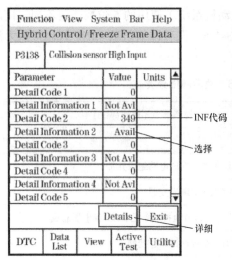

图 3-1-14 定格数据详细信息

表 3-1-7 定格数据中的主要详细信息

检查顺序	待查项目	待查数据	待查详细信息
①	检查 DTC 和详细信息的出现顺序	Occurrence Order	检查故障的出现顺序
②	估算存储 DTC 的时间	–DCT Clear Warm Up –DTC Clear Run Distance –DTC Clear Min –Engine Run Time	检查存储 DTC 的时间是否与诊断问卷的结果一致
③	检查驾驶人操作历史数据	–Shift Sensor Shift Pos –Accel Sensor Main –Stop Switch	确定驾驶人可能进行的驾驶操作
④	检查车辆是否处于 READY-ON 状态	Auxiliary battery voltage（+B）	确定车辆是否处于 READY-ON 状态。结果：蓄电池电压大约为 12.5V 或更低时，未处于 READY-ON 状态
⑤	检查车辆工作状态	–Motor (MG2) Revolution –Motor (MG2) Torq –Engine Spd –Generator (MG1) Rev –Generator (MG1) Torq	使用列线图了解车辆工作状态

（3）检查 DTC（除 HV ECU 外）

HV ECU 与其他控制单元保持通信，其中包括 ECM、防滑控制 ECU 和动力转向 ECU。因此，如果 HV ECU 输出警告，则有必要检查并记录所有系统的 DTC。如果存在 DTC，则系统进入失效保护模式，需要检查相关系统。CAN 通信系统的 DTC 与其他 DTC 一起出现，需先对 CAN 通信系统进行故障排除。一个系统有故障，整个系统进入失效保护，发现 HV 有故障码，不一定是其本身的问题，可能是其他系统引起的。

（4）清除 DTC

用厂家专用诊断设备清除 DTC 的方法如图 3-1-15 所示，会同时清除定格数据、INF 代码和操作历史数据。

项目 3　新能源汽车的故障诊断

4.1.3　读取数据流

车辆的运行环境存在细微差异，一些数据就可能有显著变化，也有可能因车辆老化而发生变化。因此，数据流不可能为故障诊断提供确定的值。即使数据流在参考范围内也可能有故障。对于复杂的故障，可以在相同的条件下用另一辆同款、同配置的车进行数据对比。

进行数据流分析对比时，尽量仅选择与故障相关的数据，如图 3-1-16 所示。如果选择所有数据，则更新各项数据的时间间隔较长，会造成数据错误。

4.1.4　主动测试

丰田普锐斯主动测试方法如图 3-1-17 所示。

图 3-1-15　用厂家专用诊断设备清除 DTC 的方法

图 3-1-16　丰田普锐斯 HV 系统数据流

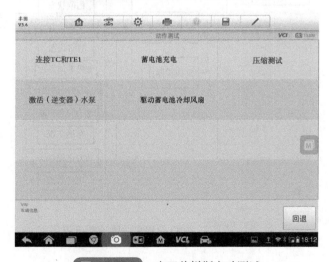

图 3-1-17　丰田普锐斯主动测试

61

对混合动力汽车的主动测试是为了使其保持特定的运行状态。进行主动测试无需拆下任何零件即可操作继电器、VSV、执行器和其他项目。这种非侵入式功能检查非常有用，可在零件或线路受到干扰前发现间歇性故障。进行故障排除时，尽早进行主动测试可节省诊断时间。

4.2 纯电动汽车故障诊断流程

按照图 3-1-18 所示的程序对纯电动汽车进行故障诊断。车辆必须能与故障诊断仪通信。对故障诊断仪无法连接的车辆，请按以下顺序排查：

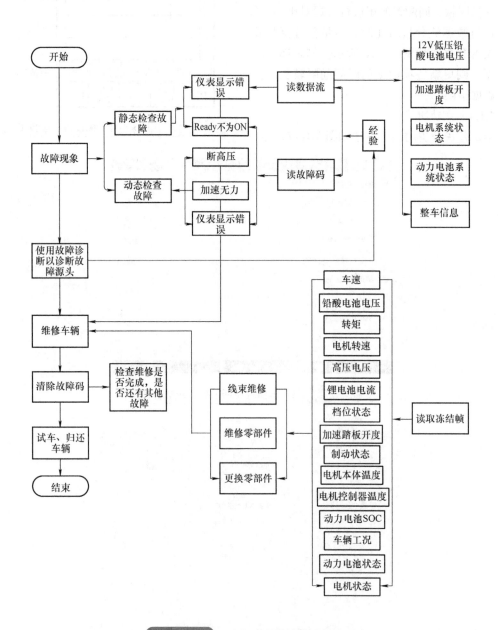

图 3-1-18　纯电动汽车故障诊断流程

① 使用万用表，检查 VCU 的供电是否正常，包括 ON 档电、常电。同时，需要检查低压电气盒中 VCU 的各供电熔丝是否正常。
② 使用万用表，检查 OBD 诊断口与 VCU 的 CAN 总线线束连接是否牢固、正常。
③ 如果以上都正常，则更换全新的整车控制器。
④ 排查结束，故障诊断仪将可顺利与整车控制器 VCU 建立 CAN 总线通信连接。

进入诊断界面，按照流程（读取故障码、冻结帧、数据流）进行其他故障的定位、排查、维修，最后清除故障码。关闭点火开关，再打开到 ON 档，再次读取故障码，确认故障不再现，维修完成，试车，将车辆交还用户。

4.2.1 读冻结帧

以比亚迪 e5 为例，首先通过诊断仪进行车辆连接，选择需要诊断的系统，如图 3-1-19 所示。确认有故障的瞬间，由整车控制器存储车辆在这一瞬间的整车状态信息，比如车辆发生故障时的车速、高压电压、档位、加速踏板角度、制动状态等。这些信息有助于分析故障时的状态和故障原因，为纯电动汽车的检修提供重要依据。

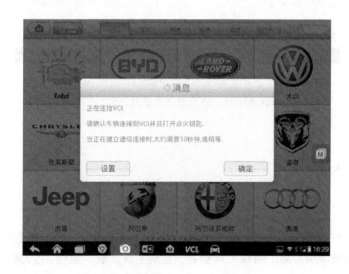

图 3-1-19　进入诊断系统

4.2.2 读数据流

如图 3-1-20 所示，读取动力电池管理系统的数据流。
动力电池管理系统的数据流如下：
① SOC：可以分析动力电池的电量等是否正常。
② 电池组当前总电压：可以分析当前动力电池组的输出总电压——动力电池组、接触器等是否正常。
③ 电池组当前总电流：可以分析动力电池当前放电电流——动力电池、电流传感器、BMS 是否正常。

④ 单次充电/放电电量：可以分析单体电池最低电压、单体电池最高电压、单体电池最高温度、单体电池最低温度、动力电池系统生命信号、动力电池继电器闭合与断开状态等——动力电池是否正常。

图 3-1-20　读取动力电池管理系统数据流

四、任务实施

1. 任务准备

安全防护：做好车辆安全防护与隔离（车内外三件套、车轮挡块、警示隔离带等）。

工具设备：绝缘防护用品、绝缘工具套装、常规工具套装、道通 MS908E 汽车智能诊断仪、充电桩。

台架车辆：比亚迪 e5 分控联动系统（行云新能 INW-EV-E5-FL），比亚迪 e5 教学版和普锐斯整车。

辅助资料：道通 MS908E 汽车智能诊断仪使用说明书、教材。

2. 实施步骤

2.1　新能源车辆故障诊断工单

车辆出现故障时，首先需要服务顾问对车辆进行检查，包括问诊和自行检查，建立车辆委托维修派工单，新能源汽车故障诊断工单可参考图 3-1-21 制定。

项目 3　新能源汽车的故障诊断

	诊断调查报告		经销商名称		经销商负责人	
车辆基本情况	型号编码		问题出现时间		行驶里程	
	驾驶证号码		入厂时间		生产日期	
	VIN		选择	□ 导航（□ 自带 □ 加装） □ 寒冷气候说明	□ 其他（　　　　）	
	客户投诉故障特征			客户使用习惯		
			之前使用的车辆			
			主要用车区域	□市区　□郊区　□山区 □其他（　　　）		
			用车频率	□每天 □＿＿＿次/周或月		
检查结果	驾车情况	路况	电源开关： □未起动 □起动时 □起动后 □起动之后＿＿分钟 □开动后＿＿分钟 □系统关闭时 电机状态： □起动时 □关闭时 动力电池显示： □＿＿/8格 □不能识别 AC状态： □ON □OFF □不能识别	车辆情况		
	车速 ＿＿km/h □起动时 □加速时 □正常行驶时 □减速 □制动 □停车 □转弯 □ABS工作时 □巡航时 □其他	□平路 □上山或下山 □干燥的公路 □潮湿的公路 □崎岖的公路 □非公路 □雪路或冻土 □颠簸或路边 □其他		电源指示灯： □橙色或绿色 □闪烁 □不亮 档位切换指示灯： □P　□R　□N □D　□B □当换档时 　＿＿档→＿＿档 □不亮 □闪烁 □不能识别 P档开关位置： □显示 □不亮 □闪烁 □不能识别	警示灯： □HV系统警告灯 □HV电池 □电机 □充电 □PS □HV □制动（黄或红） □ABS □VSC □滑行 □冷却 □其他警示（　　） □无警示 保养记录：（　　　　） 使用频率： □每天 □＿＿＿次/周或月	制动状态： □慢制动 □急制动 □左脚制动 □不操作 加速踏板状态： □踩下去 □松开时 □脚移开加速踏板时 发生的频率： □总是 □＿＿＿次/周或月 □仅有一次	
	天气：＿＿＿＿　□不确定 气温：＿＿＿＿　□不确定 油耗：＿＿＿＿　□不确定					
车辆诊断结果	故障诊断情况					
	HV动力控制★　INF			制动系统★　INF		
	发动机系统★		网关	车门电动机		
	电源控制★		A/C	进入和起动		
	变速器控制★		SRS	组合仪表		
	EPS★		车身	防盗系统		
	★：所指示的系统具有存储冻结数据帧功能。如果存储了故障码，请附上冻结数据帧			导航系统		
	车辆检验结果（检验项目，确定原因/引起原因的部件等）			故障重现		
				□总是 □有时，故障发生时的情况（　　　　） □没有再出现		
	更换的部分			修理后结果确认		
	是否引起问题的部分：Yes/No（派遣时期：　　　　）			□正常 □故障仍存在 □其他（　　　　　　）		

图 3-1-21　新能源汽车故障诊断工单

2.2 比亚迪 e5 纯电动汽车数据读取

车辆工位、设备工具准备	
	功能操作： 1. 车辆安全停放于举升工位 2. 配套安全防护设备 3. 配套日常检查常用工具
道通 MS908E 汽车智能诊断仪连接	
	功能操作： 将测试主线与 VCI 连接
	功能操作： 将 USB 线与 VCI 连接
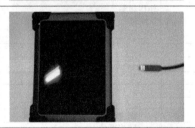	功能操作： 将 USB 线与平板显示器连接
	功能操作： 将测试主线连接到车辆 OBD-II 诊断插口
	功能操作： 将测试主线连接到车辆 OBD-II 诊断插口 注意：确定与车辆成功配对

项目3 新能源汽车的故障诊断

（续）

诊断设备读取车辆参数信息 - 故障码的读取	
	功能操作： 1. 确定与车辆成功配对 2. 打开诊断仪电源开关
	功能操作： 滑动解锁触摸键将屏幕解锁
	功能操作： 在屏幕上点击"MaxiSyS"键
	功能操作： 在屏幕上点击"诊断"键
	功能操作： 在此界面上选择需要诊断的车型

67

（续）

诊断设备读取车辆参数信息 - 故障码的读取	
	功能操作： 1. 确认车辆连接 VCI 2. 确认点火开关打开 3. 建立通信后点击确定
	功能操作： 在此界面上选择需要诊断的车型
	功能操作： 在此界面上选择控制单元
	功能操作： 在此界面上选择需要检测的模块，比如动力模块

项目3　新能源汽车的故障诊断

（续）

诊断设备读取车辆参数信息-故障码的读取	
	功能操作： 在此界面上选择需要检测的系统，比如动力电池管理系统
故障码的读取（以动力电池管理系统为例）	
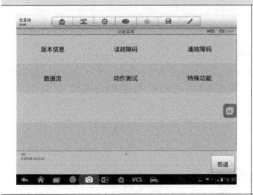	功能操作： 在此界面上选择需要登录的系统—读取故障码
	功能操作： 1. 进入该系统后，界面显示当前车辆存在的故障码 2. 返回上一界面，可以清除故障码

数据流的读取（以动力电池管理系统为例）	
	功能操作： 在此界面上选择数据流，点击进入
	功能操作： 进入界面后显示当前车辆数据信息，上下滚动触摸屏可以实现翻页，按右下角的"返回"可退回上一界面
动作测试或其他功能	
	功能操作： 在此界面中，可以选择动作测试功能
	功能操作： 进入动作测试界面后可以对相关元器件实施动作测试

2.3 丰田普锐斯数据读取

车辆工位、设备工具准备	
	功能操作： 1. 车辆安全停放于举升工位 2. 配套安全防护设备 3. 配套日常检查常用工具
道通 MS908E 汽车智能诊断仪连接	
	功能操作： 将测试主线与 VCI 连接
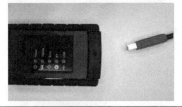	功能操作： 将 USB 线与 VCI 连接
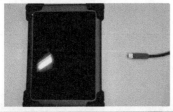	功能操作： 将 USB 线与平板显示器连接
	功能操作： 将测试主线连接到车辆 OBD-II 诊断插口
	功能操作： 将测试主线连接到车辆 OBD-II 诊断插口 注意：确定与车辆成功配对

（续）

诊断设备读取车辆参数信息 - 故障码的读取	
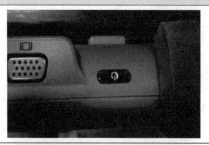	功能操作： 1. 确定与车辆成功配对 2. 打开诊断仪电源开关
	功能操作： 滑动解锁触摸键将屏幕解锁
	功能操作： 在屏幕上点击 MaxiSyS 键
	功能操作： 在屏幕上点击诊断键
	功能操作： 在此界面上选择中国丰田

项目3　新能源汽车的故障诊断

（续）

诊断设备读取车辆参数信息 - 故障码的读取	
	功能操作： 1. 确认车辆连接 VCI 2. 确认点火开关打开 3. 建立通信后点击确定
	功能操作： 在此界面上选择"手动选择车型"
	功能操作： 在此界面上选择"Prius"
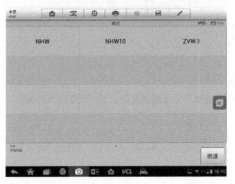	功能操作： 在此界面上选择"ZVW3"

73

（续）

诊断设备读取车辆参数信息 - 故障码的读取	
	功能操作： 在此界面上选择"中国"
	功能操作： 在此界面上选择"诊断"
	功能操作： 在此界面上选择"控制单元"
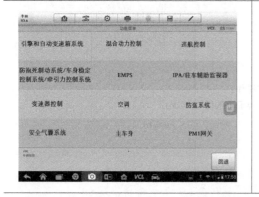	功能操作： 在此界面上选择需要诊断的模块，如"混合动力控制"

项目3 新能源汽车的故障诊断

（续）

故障码的读取（以"混合动力控制"为例）	
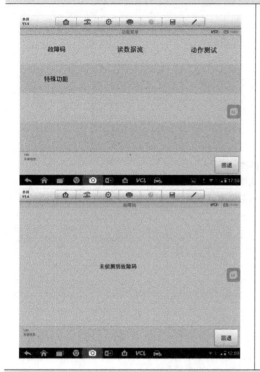	功能操作： 1. 在此界面上选择需要登录的系统—读取故障码 2. 按屏幕右下角返回键退回上一界面

数据流的读取（以"混合动力控制"为例）	
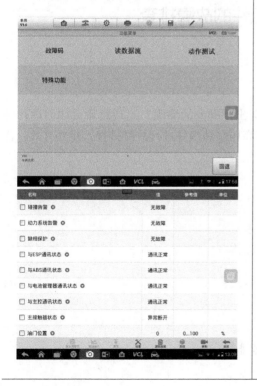	功能操作： 1. 在此界面上选择读数据流，点击进入 2. 进入界面后显示当前车辆数据信息，上下滚动触摸屏可以实现翻页，按右下角的"返回"键可退回上一界面

75

（续）

动作测试或其他功能	
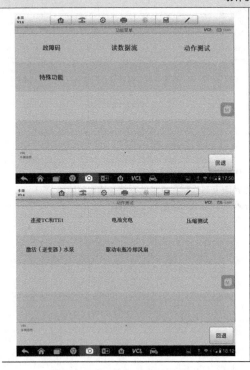	功能操作： 1. 在此界面中，可以选择动作测试功能 2. 进入动作测试界面后可以对相关元器件实施动作测试

任务 2　高压驱动组件的故障排查

一、任务引入

高压驱动组件是新能源汽车的核心系统，它会出现哪些故障呢？出现故障后如何进行排查？通过本任务的学习，正确运用诊断设备对车辆高压驱动组件进行故障排查，建立有效、合理、安全的诊断思路，并规范实施车辆故障检测作业。

二、任务要求

知识要求：

- 掌握高压驱动组件的结构、位置和功能。
- 掌握高压驱动系统的控制逻辑及诊断方法。

技能要求：

- 能够借助诊断设备完成高压驱动组件的故障排查。
- 能够建立高压驱动组件故障诊断思路。

项目 3　新能源汽车的故障诊断

职业素养要求：

- 严格执行汽车检修规范，养成严谨科学的工作态度。
- 尊重他人劳动，不窃取他人成果。
- 养成总结训练结果的习惯，为下次训练积累经验。
- 养成团结协作精神。
- 严格执行 5S 现场管理。

三、相关知识

1. 比亚迪 e5 高压驱动组件的结构功能与数据流

1.1 比亚迪 e5 高压驱动系统外部组成

该车型的高压电控总成，又称"四合一"，其在车上的安装位置和各接口说明如图 3-2-1 所示。

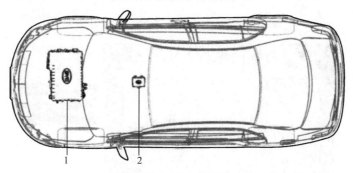

a）在车辆上的安装位置
1—高压电控总成　2—主控器总成

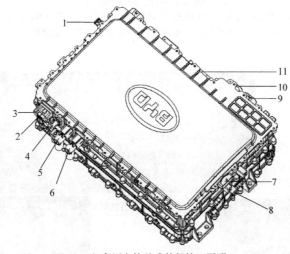

b）高压电控总成外部接口说明
1—DC 直流输出插接件　2—33Pin 低压信号插接件　3—高压输出空调压缩机插接件　4—高压输出 PTC 插接件
5—动力电池正极母线　6—动力电池负极母线　7—64Pin 低压信号插接件　8—入水管　9—交流输入 L2、L3 相
10—交流输入 L1、N 相　11—驱动电机三相输出插接件

图 3-2-1　高压电控总成部件

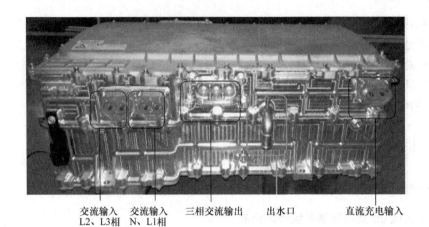

交流输入　交流输入　三相交流输出　出水口　直流充电输入
L2、L3相　N、L1相

c）高压控制组件正前方外部接口

DC/DC低压输出　　　　　　32A空调熔丝

d）高压控制组件左侧外部接口

DC/DC 低压输出端与低压电池并联给整车低压系统提供 13.8V 电源。
32A 空调熔丝控制电动压缩机和 PTC 水加热器供电通路。

33Pin低压插接件

电动压缩机

PTC　动力电池包高压直流输入

e）高压控制组件后方外部接口

图 3-2-1　高压电控总成部件（续）

项目 3　新能源汽车的故障诊断

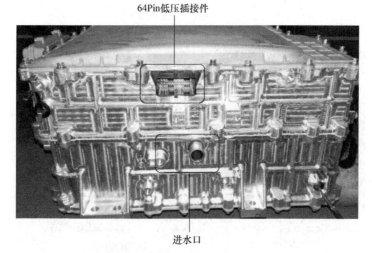

f）高压控制组件右侧外部接口

图 3-2-1　高压电控总成部件（续）

1.2　比亚迪 e5 高压控制组件的功能及数据流

1.2.1　内部结构

比亚迪 e5 高压控制系统采用内部集成设计（图 3-2-2），主要包含了双向交流逆变式电机控制器（VTOG）、高压配电箱、漏电传感器、车载充电器（在高压电控总成下层）和 DC/DC 变换器。

1.2.2　主要功能

1）控制高压交 / 直流电双向逆变，驱动电机运转，实现充、放电功能（VTOG、车载充电器）。

2）将高压直流电转化为低压直流电，为整车低压电器系统供电（DC/DC）。

3）实现整车高压回路配电功能以及高压漏电检测功能（高压配电箱和漏电传感器模块）。

4）直流充电升压功能。

5）包括 CAN 通信、故障处理记录、在线 CAN 烧写以及自检等功能。

1.2.3　高压配电箱

高压配电箱的作用是完成动力电池电源的输出及分配，其上游是动力电池组，下游包括双向交流逆变式电机控制器（VTOG）、DC/DC 变换器、PTC 水加热器、电动压缩机、漏电传感器。同时将 VTOG 和车载充电器的高压直流电分配给动力电池组，实现对支路充电器的保护及切断。

高压配电箱内部主要由铜排连接片、接触器、霍尔电流传感器、预充电阻、动力电池组正 / 负极输入组成。其中，接触器由动力电池管理器控制，控制充放电（图 3-2-3）。

2 个霍尔电流传感器：左边的监测 VTOG 直流侧电流大小，右边的监测动力电池组进出总电流。

5 个接触器，图 3-2-3 中从左至右依次为：放电主接触器、交流充电接触器、直流充电正极接触器、直流充电负极接触器、预充接触器。

车辆在各种状态下高压配电箱内所需吸合的接触器状态数据流读取情况如下。

1）整车上 OK 电后，放电主接触器吸合，数据流如图 3-2-4 所示。

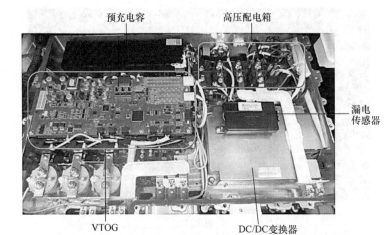

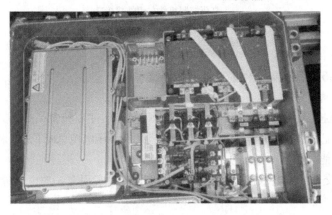

图 3-2-2　比亚迪 e5 高压控制组件内部结构

图 3-2-3　比亚迪 e5 高压配电箱内部结构

项目 3　新能源汽车的故障诊断

图 3-2-4　放电主接触器吸合数据流

2）交流充电及 VTOL（车辆对用电设备供电）、VTOV（车辆对车辆充电）、VTOG（车辆对电网放电）时，交流充电接触器吸合，数据流如图 3-2-5 所示。

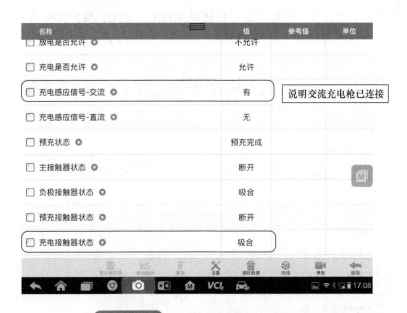

图 3-2-5　交流充电接触器吸合数据流

3）直流充电时，直流充电正极接触器、直流充电负极接触器、交流充电接触器均吸合，数据流如图 3-2-6 所示。交流充电接触器吸合的目的是给 DC/DC 供高压电。BMS 数据流不显示直流充电正极接触器、直流充电负极接触器。

81

图 3-2-6　直流充电接触器吸合数据流

4）不管是整车上电过程、充电开始过程还是 VTOG、VTOL 和 VTOV 开始过程，都需要预充，即需要先吸合预充接触器，预充完成后才会断开预充接触器，数据流如图 3-2-7 所示。

图 3-2-7　预充接触器吸合数据流

1.2.4 漏电传感器 LS

比亚迪 e5 高压电控总成内部装配有漏电传感器。它本身也是一个动力网 CAN 模块，通过监测与动力电池输出相连接的正母线与车身底盘之间的绝缘电阻来判定高压系统是否漏电，漏电传感器将绝缘阻值信息通过 CAN 信号发送给动力电池管理器、VTOG，采取相应保护措施（图 3-2-8）。

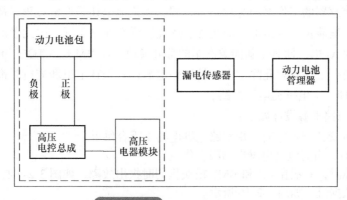

图 3-2-8　漏电传感器系统

 知识链接

> 绝缘阻值标准：
> 人体内的安全电压一般指不使人直接致死或致残的电压，一般环境条件下允许持续接触的"安全特低电压"是 DC 36V。电动汽车动力电池的输出电压已远远超过了该安全电压。因此，国家在电动汽车安全要求标准中对人员的触电防护提出了明确要求，其中包括对绝缘电阻值的最低要求。
> GB/T18384.3-2015 第 6.7.1 条规定：
> 在最大工作电压下，直流电路绝缘阻值的最小值应至少大于 100Ω/V，交流电路应至少大于 500Ω/V。组合电路应至少满足 500Ω/V 的要求。如果交流电路至少使用了一种第 6.7.2 条规定的附加防护方法，则组合电路至少满足 100Ω/V 的要求。

比亚迪 e5 的绝缘阻值标准见表 3-2-1。

表 3-2-1　e5 车型的绝缘阻值标准

高压回路正极或负极对车电阻 R	漏电状态		措施
$R>500\Omega/V$	正常		无
$100\Omega/V<R\leqslant 500\Omega/V$	一般漏电报警		记录并保存故障码
$R\leqslant 100\Omega/V$	严重漏电报警	行车中	仪表灯亮，断开主接触器、分压接触器、动力电池包内接触器和负极接触器
		停车中	1. 禁止上电 2. 仪表灯亮，报动力系统故障
		充电中	1. 断开交流充电接触器、分压接触器、动力电池包括内接触器和负极接触器 2. 仪表灯亮，报动力系统故障

漏电传感器检测到绝缘阻值小于设定值时，通过 CAN 线和硬线同时将漏电信号发给 BMS。BMS 进行漏电相关报警和保护控制。漏电的硬线信号是一种拉低信号，即当 LS 检测到漏电时，BMS 的漏电信号端子是低电平，由 LS 拉低。通过大致计算也能得出严重漏电结论，即绝缘阻值 / 动力电池组电压（Ω/V）与 500Ω/V、100Ω/V 进行比较即可。

另外，漏电传感器的工作电源是双路电，因为无论上电还是充电过程，都需要监测高压系统的绝缘情况。这里涉及"双路电"的概念。燃油车没有充电工况，因此燃油车的模块除常电外，还有上电时的 IG 电。而对于新能源汽车的部分模块（如 BMS、VTOG、DC/DC 等），无论上电还是充电都需要工作，因此除常电外的这路电源，必须在上电和充电时都供电，这路电源称为"双路电"，即"上电 + 充电"两路。

比亚迪 e5 的双路电源设计如下：

① 上 OK 电和交流充放电时，由双路电继电器 1 吸合供电。

② 直流充电时，由直流充电继电器吸合供电。

发生漏电故障时，一般在 LS 和 BMS 模块里同时报出故障，如图 3-2-9 所示。

漏电传感器数据流，如图 3-2-10 所示。

图 3-2-9　漏电故障报码

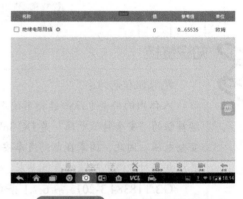

图 3-2-10　漏电传感器数据流

1.2.5　电机控制器（VTOG）

（1）电机控制器功能

控制器类型为电压型逆变器，主要功能如下。

① 驱动控制（放电）：通过采集加速踏板、制动、档位、旋变等信号来控制电机正向、反向驱动，实现正、反转发电功能。具有高压输出电压和电流控制限制功能，具有电压跌落、过流、过温、IPM 过温、IGBT 过温保护、功率限制、转矩控制限制等功能。同时具备电控系统防盗、能量回馈控制、主动泄放、被动泄放控制功能。

注意：IPM（Intelligent Power Module）指智能功率模块，它把功率开关器件（IGBT）和驱动电路集成在一起，而且内有过电压、过电流和过温等故障检测电路，并可将检测信号送到 CPU。

② 充电控制：交、直流转换，双向充、放电控制功能。自动识别单相、三相相序并根据充电电流控制充电方式，根据充电设备识别充电功率，控制充电方式。根据车辆或其他设备请求信号控制车辆对外放电。断电重启功能：在电网断电又供电时，可继续充电。

③ VTOG、VTOL 和 VTOV 功能。

（2）VTOG 数据流

道通 MS908E 诊断仪可扫描到 VTOG 的四个模块（图 3-2-11），其具体功能见表 3-2-2。

项目 3　新能源汽车的故障诊断

表 3-2-2　VTOG 模块及功能

软件模块名称	具 体 功 能
双向逆变充电（VTOG）	接收充电相关的数据并做相应的处理及传送（CC 信号，交、直流侧电压状态，电网信息，A\B\C 相电感过温状态等信息）
VTOG- 驱动（VTOG-DRIVE）	接收及控制电机驱动相关的数据并做相应的处理及传送（倾角采样、高压互锁、母线电压、电机缺相、IPM 故障、档位信息）
VTOG- 模式（VTOG-MODE）	在起动上电或插枪充电时 VTOG 通过模式来识别跳转到需求的状态中，将对应的信号转到充电或驱动
VTOG-DSP2	负责电机温度等信号的采样，同时接收 DSP1 模块部分信息数据的处理及传递

注：1. DSP（Digital Signal Process）代表数字信号处理模块，DSP1/DSP2 只是 VTOG 内部芯片的区分定义。
　　2. DSP1 在道通 MS908E 诊断仪里没有显示。
　　3. VTOG 的数据信息全部在 DSP2 里读取。

图 3-2-11　VTOG 的四个模块

VTOG-DSP2 数据流项目，如图 3-2-12 所示。

图 3-2-12　VTOG-DSP2 数据流项目

85

图 3-2-12 VTOG-DSP2 数据流项目（续）

项目 3　新能源汽车的故障诊断

图 3-2-12　VTOG-DSP2 数据流项目（续）

（3）电机控制器防盗

比亚迪 e5 的起动防盗，锁的是电机控制器（VTOG），即在整车上 OK 电之前，电机控制器也需要对码。如果电机控制器未进行匹配，则整车无法上 OK 电，如图 3-2-13 所示。

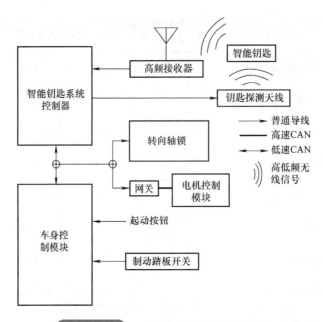

图 3-2-13　电机控制器防盗控制逻辑

在更换电机控制器（目前采用更换"四合一"总成方式）时，使用原厂诊断仪 VDS1000 先对原车的 VTOG 进行密码清除，然后再对换上的备件进行防盗编程。

VDS1000 附加功能中有"电机控制器编程"和"电机控制器密码清除"，如图 3-2-14 所示。

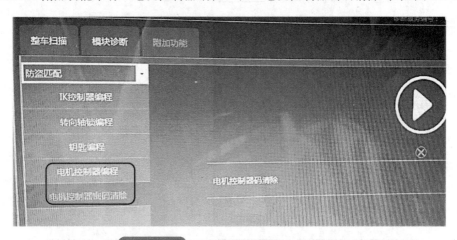

图 3-2-14　电机控制器编程和密码清除

1.2.6　DC/DC 变换器

DC/DC 替代了传统燃油车挂接在发动机上的 12V 发电机，与蓄电池并联为各用电器提供低压电源。DC/DC 在直流高压输入端接触器吸合后便开始工作，输出电压标称 13.8V，如图 3-2-15 所示。

比亚迪 e5 的 DC/DC 在上 OK 电时、充电时（包括交流充电、直流充电）、智能充电时都会工作，以辅助低压铁电池为整车提供低压电源。

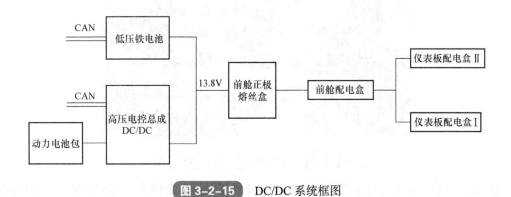

图 3-2-15　DC/DC 系统框图

DC/DC 的外部高压输入也是高压电控总成直流母线输入，如图 3-2-16 所示。

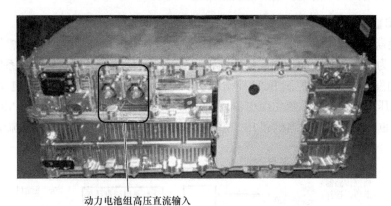

图 3-2-16　动力电池组高压直流输入接口

DC/DC 的输出及连接关系，如图 3-2-17 所示。

图 3-2-17　DC/DC 低压输出接口

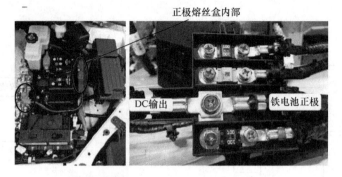

图 3-2-17　DC/DC 低压输出接口（续）

DC/DC 的输出正极通过正极熔丝盒直接与低压铁电池正极相连，而 DC/DC 的输出负极则通过高压电控总成壳体搭铁。

2. 丰田普锐斯高压驱动组件的功能及数据流

2.1　丰田普锐斯高压驱动系统外部组成

丰田普锐斯混合动力系统组成如图 3-2-18 所示。高压系统基本能以最理想的方式满足驾驶人的需求。为了解驾驶人的意图，加速踏板和变速杆的位置信号输送给高压系统。用发动机 ECU 控制汽油发动机，防滑控制 ECU 控制制动系统，用变频器和转换器控制电动机和发电机。高压电从高电压蓄电池经过系统主继电器到变频器和转换器。然后直流电变为 MG1 和 MG2 需要的交流电，也转换为空调压缩机和 EPS 需要的交流电及辅助蓄电池需要的直流电。

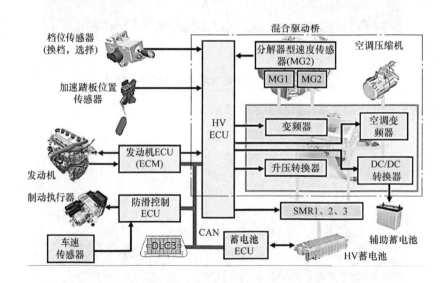

图 3-2-18　丰田普锐斯混合动力系统组成

各驱动组件在实车上的位置，如图 3-2-19 所示。

项目 3　新能源汽车的故障诊断

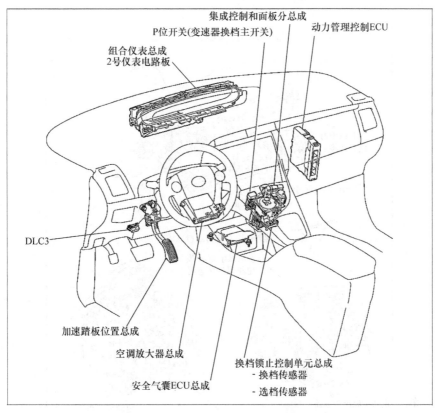

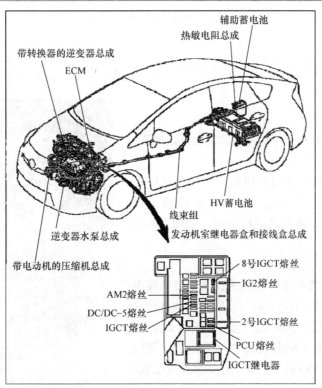

图 3-2-19　丰田普锐斯高压驱动组件系统实车位置

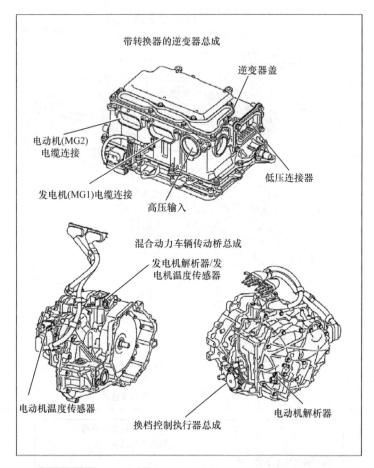

图 3-2-19　丰田普锐斯高压驱动组件系统实车位置（续）

2.2　丰田普锐斯高压驱动系统的功能及数据流

2.2.1　动力控制单元

使用电动机行驶的丰田普锐斯混合动力系统中配有由变频器、增压转换器、DC/DC 变换器组成的动力控制单元，安装在发动机舱内，如图 3-2-20 所示。

（1）主要功能

① 逆频器：将高电压蓄电池的直流电转换成电动机和发电机使用的交流电。同时将发电机和电动机发出的交流电转换成可供高电压蓄电池充电的直流电。变频器总成内部为多层结构，主要由电容、智能动力模块、反应器、MG ECU、DC/DC 变换器等组成，如图 3-2-21 所示。

图 3-2-20　动力控制单元安装位置

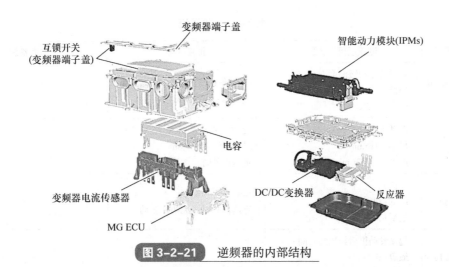

图 3-2-21 逆频器的内部结构

动力管理控制 ECU 检测到安全装置工作时，将禁止混合动力系统运行或切断系统主继电器。在三个不同的位置有三个高压互锁安全装置。第一个安全装置位于维修塞把手，第二个安全装置位于与带转换器的逆变器总成连接的线束组上，第三个安全装置位于电动机和发电机电缆及发动机 2 号线束（空调线束）与带转换器的逆变器总成连接的逆变器盖上。如果拆下维修塞把手、逆变器盖或线束组，则互锁信号线路将断路。如果车辆正在行驶，则该情况将被判定为断路且系统主继电器不切断。如果重新正确安装安全装置，则将电源开关置于 ON（IG）位置时，系统将恢复正常。

② 增压转换器：可根据需要对电机的电源电压进行无级升压，由一般情况下 DC 201.6V 最大升至 DC 650V。逆变器将增压转换器增压后的电压转换为用于驱动 MG1 和 MG2 的交流。电机作为发电机工作时，产生的交流通过逆变器转换为直流。增压转换器将该电压降至大约 201.6 V 的直流以对 HV 蓄电池充电。增压转换器包括增压 IPM（集成功率模块）、内置的 IGBT（绝缘二极管）和反应器。这意味着由小电流可实现较大负荷电力供给，发挥高输出电动机的性能，提高系统整体效率。同时这也意味着变频器将变得更小、更轻。

MG ECU 使用内置于增压转换器的电压传感器（VL）检测增压前的高压。它也使用内置于逆变器的电压传感器（VH）检测增压后的高压。根据增压前后的电压，MG ECU 控制增压转换器的工作，将电压增至目标值，如图 3-2-22 所示。

③ DC/DC 变换器：将高压蓄电池和发电机发出的 201.6V 直流电降压至 12V，以供车辆的辅助设备（如车灯、音响设备）、电子部件 ECU 作为电源使用，一般安装在变频器的下方。此外，还可对辅助蓄电池充电。

晶体管桥接电路先将 201.6 V 的直流转换为交流，并经变压器降压。然后，经整流和滤波（转换为直流）转换为 12V 直流电。混合动力汽车转换器控制输出电压，以保持辅助蓄电池端子处的电压恒定。

动力管理控制 ECU 使用 NODD 信号线路向混合动力汽车转换器传输停止指令，并接收指示 12V 充电系统正常或异常状态的信号，如图 3-2-23 所示。如果车辆行驶时转换器不工作，则辅助蓄电池的电压将降低，这将阻止车辆继续运行。因此，动力管理控制 ECU 监视转换器的工作情况，并在检测到故障时警告驾驶人。

（2）主要数据流

数据流见表 3-2-3。

表 3-2-3　数据流

检测仪显示	测量项目/范围	正常状态	诊断备注
Engine Coolant Temp	发动机冷却液温度 / 最低：-40℃ 最高：215℃	冷起动→完全暖机：逐渐升高 暖机后：80~100℃	—
Engine Revolution	发动机转速 / 最小：0 r/min 最大：16383r/min	发动机暖机后在检查模式下怠速时：大约 900r/min 定速行驶时：无明显波动	—
Vehicle Spd	车速 / 最低：0km/h 最高：255km/h	车辆停止：0km/h 定速行驶时：无明显波动	—
Engine Run Time	起动发动机后经过的时间 / 最短：0 s 最长：65535s	—	—
+B	辅助蓄电池电压 / 最低：0.00V 最高：65.53V	常态：辅助蓄电池电压 ±3.00V	辅助蓄电池
Accel Pedal Pos #1	1 号加速踏板位置传感器 / 最小：0.0% 最大：100.0%	踩下加速踏板：随加速踏板压力变化	加速踏板位置传感器总成
Accel Pedal Pos #2	2 号加速踏板位置传感器 / 最小：0.0% 最大：100.0%	踩下加速踏板：随加速踏板压力变化	加速踏板位置传感器总成
Ambient Temperature	环境温度 / 最低：-40℃ 最高：215℃	电源开关 ON（IG）：与环境温度相同	环境温度传感器
Intake Air Temperature	进气温度 / 最低：-40℃ 最高：140℃	常态：与环境温度相同	—
DTC Clear Warm Up	清除 DTC 后发动机暖机的次数 / 最小：0 最多：255	MIL 熄灭，发动机冷却液温度从起动发动机前的 22℃升高到起动发动机后的 70℃：增加一次	—
DTC Clear Run Distance	清除 DTC 后的行驶距离 / 最短：0km 最长：65535km	—	—
DTC Clear Min	清除 DTC 后经过的时间 / 最短：0min 最长：65535min	—	—
MIL on Engine Run Time	出现故障后的行驶时间 / 最短：0min 最长：65535min	—	—
MIL Status	MIL 状态 /ON 或 OFF	ON：MIL 点亮	持续 ON：根据检测到的 DTC 进行维修

项目3 新能源汽车的故障诊断

（续）

检测仪显示	测量项目/范围	正常状态	诊断备注
MIL on Run Distance	出现故障后的行驶距离/ 最短：0km 最长：65535km	—	—
Model Code	车型代码	ZVW3#	—
Engine Code	发动机代码	5ZR-FXE	—
ECU Code	ECU代码		—
Destination	终端	W	—
OBD Requirements	OBD要求	E-OBD	—
MAP	进气歧管真空/ 最低：0kPa 最高 255kPa	电源开关ON（IG）或发动机停止：大气压力	发动机运转时指示的值低于大气压力
Atmosphere Pressure	大气压力/ 最低：0kPa 最高 255kPa	常态：大气压力	—
Number of Emission DTC	排放DTC的数量	—	—
Ready Signal	电源开关状态/ON 或 OFF	电源开关ON（READY）：ON	—
Motor（MG2）Revolution	MG2转速/ 最小：-32768r/min 最大：3267r/min	行驶时：根据车辆工作状态而变化	·混合动力车辆传动桥总成 ·带转换器的逆变器总成
Motor（MG2）Torq	MG2转矩/ 最小：-4096.00N·m 最大：4095.87N·m	行驶时：根据车辆工作状态而变化	·动力管理控制ECU ·混合动力车辆传动桥总成 ·带转换器的逆变器总成
M（MG2）Trq Exec Val	MG2转矩执行值/ 最小：-4096.00N·m 最大：4095.87N·m	电源开关ON（READY）且发动机停止时全负载加速后：小于MG2转矩的±20%	·动力管理控制ECU ·混合动力车辆传动桥总成 ·带转换器的逆变器总成
Generator（MG1）Rev	MG1转速/ 最小：-32768r/min 最大：3267r/min	充电或放电期间：根据车辆工作状态而变化	·混合动力车辆传动桥总成 ·带转换器的逆变器总成
Generator（MG1）Torq	MG1转矩/ 最小：-4096.00N·m 最大：4095.87N·m	充电或放电期间：根据车辆工作状态而变化	·动力管理控制ECU ·混合动力车辆传动桥总成 ·带转换器的逆变器总成
G（MG1）Trq Exec Val	MG1转矩执行值/ 最小：-4096.00N·m 最大：4095.87N·m	选择驻车档（P）时发动机自动起动后1s［发动机起动前的状态：电源开关置于ON（READY）位置、发动机停止、空调风扇高速旋转且前照灯点亮］。小于MG1转矩的±20%	·动力管理控制ECU ·混合动力车辆传动桥总成 ·带转换器的逆变器总成

（续）

检测仪显示	测量项目/范围	正常状态	诊断备注
Regenerative Brake Torq	MG1 再生制动执行转矩 / 最小：-4096.00N·m 最大：4095.87N·m	制动时：根据车辆工作状态而变化	·动力管理控制 ECU ·混合动力车辆传动桥总成 ·带转换器的逆变器总成
Rqst Regen Brake Torq	要求的 MG2 再生制动转矩 / 最小：-4096.0N·m 最大：4095.87N·m	制动时：根据车辆工作状态而变化	·动力管理控制 ECU ·混合动力车辆传动桥总成 ·带转换器的逆变器总成
Inverter Temp-（MG1）	MG1 逆变器温度 / 最低：15℃ 最高：150℃	·在 25℃的环境温度下停放车辆 1 天：15~35℃ ·在 25℃的环境温度下行驶时：15~110℃	带转换器的逆变器总成
Inverter Temp-（MG2）	MG2 逆变器温度 / 最低：15℃ 最高：150℃	·在 25℃的环境温度下停放车辆 1 天：15~35℃ ·在 25℃的环境温度下行驶时：15~110℃	带转换器的逆变器总成
Motor Temp No1	MG1 温度 / 最低：-40℃ 最高：215℃	·在 25℃的环境温度下停放车辆 1 天：24℃ ·在 25℃的环境温度下行驶时：25~100℃	端子 GMT
Motor Temp No2	MG2 温度 / 最低：-40℃ 最高：215℃	·在 25℃的环境温度下停放车辆 1 天：24℃ ·在 25℃的环境温度下行驶时：25~100℃	端子 MMT
Accelerator Degree	踩下加速踏板角度 / 最小：0.0% 最大：127.5%	踩下加速踏板：随加速踏板压力变化	加速踏板位置传感器
Request Power	所需发动机功率 / 最小：0W 最大：655350W	发动机运转的情况下行驶时：根据车辆工作状态而变化	·动力管理控制 ECU ·ECM ·发动机
Target Engine Rev	目标发动机转速 / 最小：0r/min 最大：655350r/min	发动机运转的情况下行驶时：根据车辆工作状态而变化	·动力管理控制 ECU ·ECM ·发动机
Engine Rev（Sensor）	发动机转速 / 最小：0r/min 最大 16383.75r/min	发动机暖机后怠速运转时：大约 1000r/min 定速行驶时：无明显波动	—
State of Charge（All Bat）	HV 蓄电池充电状态 / 最小：0.0% 最大：100.0%	常态：0.0~100.0%	·HV 蓄电池 ·蓄电池智能单元 ·动力管理控制 ECU
Master Cylinder Ctrl Trq	主缸控制转矩 / 最小：-4096.0N·m 最大：4095.87N·m	踩下制动踏板：随着制动踏板压力而变化	主缸压力传感器

项目 3　新能源汽车的故障诊断

（续）

检测仪显示	测量项目/范围	正常状态	诊断备注
Power Resource VB	HV 蓄电池电压/ 最低：0.0V 最高：6553.5V	电源开关 ON（READY）:150.0～300.0V	·HV 蓄电池 ·蓄电池智能单元 ·动力管理控制 ECU
Power Resource IB	HV 蓄电池电流/ 最小：-327.68A 最大 327.67A	电源开关 ON（READY）:-200.0～200.0V	·HV 蓄电池 ·电源电缆 ·带转换器的逆变器总成 ·蓄电池电流传感器 ·空调系统
Power Supply Sensor Voltage	电源传感器电压（V）/ 最低：0.00V 最高：79.99V	电源开关 ON（IG）:4.00～6.00V	—
VL-Voltage before Boosting	增压前的高压/ 最低：0V 最高：450V	电源开关 ON（READY）:几乎与 HV 蓄电池电压相同	·HV 蓄电池 ·带转换器的逆变器总成
VL-Voltage after Boosting	增压前的高压/ 最低：0V 最高：765V	选择驻车档（P）时发动机转速升高：增压后低于 650V	带转换器的逆变器总成
Boost Ratio	增压比/ 最小：0.0% 最大：127.5%	增压前和增压后电压相等：0.0～10.0%	带转换器的逆变器总成
Drive Condition ID	驾驶条件 ID	发动机停止：0 发动机将要停止：1 发动机将要起动：2 发动机已运转或正在运转：3 发电或负载行驶时：4 选择驻车档（P）时发动机高速空转：6	·动力管理控制 ECU ·ECM ·混合动力车辆传动桥总成
Shift Sensor Main	变速杆位置传感器（主）电压/ 最低：0.00V 最高：4.98V	变速杆置于原位或 N 位：2.00～3.00V 变速杆置于 R 位：0.30～1.80V 变速杆置于 D 或 B 位：3.20～4.80V	—
Shift Sensor Sub	变速杆位置传感器（副）电压/ 最低：0.00V 最高：4.98V	变速杆置于原位或 N 位：2.00～3.00V 变速杆置于 R 位：0.30～1.80V 变速杆置于 D 或 B 位：3.20～4.80V	—
Shift Sensor Select Main	变速杆位置传感器（主）电压/ 最低：0.00V 最高：4.98V	变速杆置于原位或 B 位：1.00～1.60V 变速杆置于 R、N 或 D 位：2.90～4.30V	—

（续）

检测仪显示	测量项目/范围	正常状态	诊断备注
Shift Sensor Select Sub	变速杆位置传感器（副）电压/ 最低：0.00V 最高：4.98V	变速杆置于原位或B位：1.00～1.60V 变速杆置于R、N或D位：2.90～4.30V	—
Shift Sensor Shift Pos	变速杆位置/P/D/N/R/B	变速杆保持在某一档位：P、R、N、D或B	变速杆位置传感器
Crank Position	曲轴位置/ 最小：−128℃A 最大：127℃A	—	—
A/C Consumption Pwr	空调消耗功率/ 最小：0W 最大：12750W	空调系统运转时：1～5000W	・空调系统 ・蓄电池智能单元
Short Wave Highest Val	蓄电池ECU泄漏检测电路的波形电压/ 最低：0.00V 最高：4.98V	在电源开关置于ON（READY）位置状态保持2min，且增压前和增压后电压相等：4.00V或更高	高压电路
MG1 Control Mode	MG1控制模式/ 最少：0 最多：2	PWM：0 可变PWM：1 矩形波：2	—
MG1 Carrier Frequency	MG1载波频率/ 0.75kHz/1.25kHz/2.50kHz/ 3.75kHz/5.00kHz/10.00kHz	—	—
MG2 Control Mode	MG2控制模式/ 最少：0 最多：2	PWM：0 可变PWM：1 矩形波：2	—
MG2 Carrier Frequency	MG2载波频率/ 0.75kHz/1.25kHz/2.50kHz/ 3.75kHz/5.00kHz	—	—
Num of Current Code	当前DTC的数量/ 最少：0 最多：255	—	—
Num of History Code	历史DTC的数量/ 最少：0 最多：255	—	—
Check Mode	检查模式/ ON或OFF	—	—

（续）

检测仪显示	测量项目/范围	正常状态	诊断备注
Calculate Load	计算负载/ 最小：0.0% 最大：100.0%	·发动机暖机时息速运转、空调关闭、选择驻车档（P）和检查模式：20.0%～40.0% ·发动机转为2500r/min、空调关闭、选择驻车档（P）和检查模式：15.0%～35.0%	·空气滤清器状态 ·节气门状态
Throttle Positon	节气门位置传感器/ 最小：0.0% 最大：100.0%	节气门全关：10.0%～24.0%	节气门状态
DCDC Cnv Tar Pulse Duty	目标辅助蓄电池电压/ 最小：0.0% 最大：399.9%	—	—
Inverter Coolant Water Temperature	逆变器冷却液温度/ 最低：-50℃ 最高：110℃	冷起动→完全暖机：逐渐升高 系统工作正常：控制在65℃或更低	·带转换器的逆变器总成 ·逆变器水泵总成 ·冷却风扇系统 ·逆变器冷却系统 ·3号IGCT熔丝
Cooling Fan 0	蓄电池冷却风扇工作模式/ 最小：0.0% 最大：127.5%	—	—
Cooling Fan Relay	蓄电池风扇继电器ON或OFF/ ON或OFF	蓄电池冷却风扇工作时：ON	—
Inverter W/P Revolution	逆变器水泵总成转速/ 最小：0r/min 最大：15000r/min	电源开关ON（READY）：1375～55000r/min	·动力管理控制ECU ·逆变器水泵总成
Prohibit DC/DC Conv sig	混合动力车辆转换器禁用信号/ ON或OFF	·电源开关ON（IG）：ON（禁用） ·电源开关ON（READY）：OFF（许可）	·动力管理控制ECU ·混合动力车辆转换器
EV Request	EV模式转换可用性/ON或OFF	EV模式：ON	—
TRC OFF Switch	VSC状态/OFF/TRC/TRC/VSC	VSC OFF开关打开：OFF	
Starter Switch	ST ON信号/ON或OFF	—	
Inv-T（MG1）after IG-ON	电源开关置于ON（IG）位后不久MG1逆变器温度/ 最低：-15℃ 最高：150℃		
Inv-T（MG2）after IG-ON	电源开关置于ON（IG）位后不久MG2逆变器温度/ 最低：-15℃ 最高：150℃		

（续）

检测仪显示	测量项目/范围	正常状态	诊断备注
Mtr-T（MG2）after IG-ON	电源开关置于ON（IG）位后不久MG2温度/ 最低：-40℃ 最高：215℃	—	—
Conv-Tmp after IG-ON	电源开关置于ON（IG）位后不久增压转换器温度/ 最低：-15℃ 最高：150℃	—	—
SOC after IG-ON	电源开关置于ON（IG）位后不久SOC/ 最小：0.0% 最大：127.5%	—	—
Inv-Temp（MG1）Max	MG1逆变器最高温度/ 最低：15℃ 最高：150℃	—	—
Inv-Temp（MG2）Max	MG2逆变器最高温度/ 最低：15℃ 最高：150℃	—	—
Mtr-Temp（MG1）Max	MG1最高温度/ 最低：-40℃ 最高：215℃	—	—
Converter Temp Max	增压转换器最高温度/ 最低：15℃ 最高：150℃	—	—
Stauts of Charge Max	最大充电状态/ 最小：0.0% 最大：127.5%	—	—
Stauts of Charge Min	最小充电状态/ 最小：0.0% 最大：127.5%	—	—
Stop Light Switch	制动灯开关状态/ ON或OFF	踩下制动踏板：ON	—
Auxiliary Batt Temperature	辅助蓄电池温度/ 最低：-40℃ 最高：215℃	辅助蓄电池温度：20℃	—
Collision Signal（Airbag）	安全气囊ECU总成碰撞检测/ ON或OFF	安全气囊ECU总成进行碰撞检测：ON	—
TC Terminal	端子TC状态/ON或OFF	端子RC已连接：ON	—
Inter Lock Switch	互锁开关状态/ON或OFF	电源开关ON（IG），逆变器盖、高压输入电缆和维修塞把手已拆下ON	—

（续）

检测仪显示	测量项目/范围	正常状态	诊断备注
EV Switch	EV行驶模式开关（集成控制和面板分总成）状态/ON或OFF	EV行驶模式开关（集成控制和面板分总成）打开：ON	—
Back Up Lamp Relay	倒车灯开关状态/ON或OFF	变速杆置于R位：ON	—
ECO Mode	环保模式信号/ON或OFF	环保模式已选择OFF→ON	·组合仪表总成 ·动力管理控制ECU
Generate Torque	当前产生的驱动转矩/ 最小：-4096.0N·m 最大：4095.8N·m	行驶时：根据车辆工作状态而变化	—
Prohibit Charge for P Pos	在选择驻车档（P）时HV蓄电池充电禁止状态/ON或OFF	在选择驻车档（P）时HV蓄电池充电禁止：ON	—
Vehicle Parking（T/M Ctrl）	指示车辆行驶或停止/ON或OFF	—	—
Shift Pos Status（T/M Ctrl）	指示是否选择驻车档（P）/Not P/Run/P	—	—
Shift P Permission Signal	指示是否允许选择驻车档（P）/ON或OFF	—	—
DC/DC Cnv Temp（Upper）	增压转换器温度（上）/ 最低：15℃ 最高：150℃	·在25℃的环境温度下停放车辆1天：15~35℃ ·在25℃的环境温度下行驶时：15~110℃	带转换器的逆变器总成
Safing Signal（Airbag）	安全气囊ECU总成的安全状态/ON或OFF	空气囊ECU总成的安全状态时：ON	—
DC/DC Cnv Temp（Lower）	增压转换器温度（下）/ 最低：15℃ 最高：150℃	·在25℃的环境温度下停放车辆1天：15~35℃ ·在25℃的环境温度下行驶时：15~121℃	带转换器的逆变器总成
Normal Signal for A/B ECU	安全气囊ECU总成的控制状态/ON或OFF	安全气囊ECU总成的安全状态时：ON	—
Mtr-T（MG1）after IG-ON	电源开关置于ON（IG）位置后不久MG1温度/ 最低：-40℃ 最高：215℃	—	—
Mtr-Temp（MG1）Max	MG1最高温度/ 最低：-40℃ 最高：215℃	—	—
Overvoltage Input to Conv	增压转换器过电压检测/ON或OFF	增压转换器接收到过电压：ON	—
Overvoltage Input to Inv	逆变器过电压检测/ON或OFF	逆变器接收到过电压：ON	—

（续）

检测仪显示	测量项目/范围	正常状态	诊断备注
Emergency Shutdown	逆变器紧急切断/ON 或 OFF	逆变器紧急切断：ON	—
MG1 Inverter Shutdown	MG1 逆变器切断/ON 或 OFF	MG1 逆变器切断：ON	—
MG1 Inverter Fail	MG1 逆变器故障/ON 或 OFF	MG1 逆变器故障：ON	—
MG2 Inverter Fail	MG2 逆变器故障/ON 或 OFF	MG2 逆变器切断：ON	—
MG2 Inverter Shutdown	MG2 逆变器切断/ON 或 OFF	MG2 逆变器故障：ON	—
Conv Shutdown	增压转换器切断/ON 或 OFF	增压转换器切断：ON	—
Conv Fail	增压转换器故障/ON 或 OFF	增压转换器故障：ON	—
P Pos SW Terminal Vol	指示 P 位开关端子电压/最低：0.00V，最高：4.968V	P 位开关打开：0.00~1.50V	—
Internal Shift Position	ECU 内部换档状态/P/R/N/D/B	与当前选择的状态匹配：P、R、N、D 或 B	—
P Rq Malfunction（T/M Ctrl）	指示驻车档（P）选择请求是否正常/Normal 或 Abnormal	—	—
P Request（T/M Ctrl）	指示是否请求选择驻车档（P）/ON 或 OFF	—	—
T/M Control ECU Status	指示变速器控制 ECU 的控制条件/Normal 或 Abnormal	—	—
T/M ECU Pulse Conser Err	指示变速器控制 ECU 连续通信故障/Normal 或 Abnormal	—	—
T/M ECU Pulse Single Err	指示变速器控制 ECU 单一通信故障/Normal 或 Abnormal	—	—
HV Start Conditon	指示混合动力起动状态/Normal/Pr A/C/Remote	—	—
W/P Run Control Duty	水泵电动机驱动器请求占空比/最小：0.00%，最大：100.00%	电源开关 ON（READY）：62.50%~81.25%	动力管理控制 ECU
Engine Stop Request	发动机停机请求/ON 或 OFF	请求发动机停机：ON	·ECU ·动力管理控制 ECU
Engine Idling Request	发动机怠速请求/ON 或 OFF	请求怠速：ON	·ECM ·动力管理控制 ECU
Main Batt Charging rqst	HV 蓄电池充电请求/ON 或 OFF	请求 HV 蓄电池充电：ON	·蓄电池智能单元 ·HV 蓄电池

（续）

检测仪显示	测量项目/范围	正常状态	诊断备注
Aircon Request	自空调放大器的发动机起动请求/ON或OFF	空调放大器发出发动机起动请求时： ON	空调放大器
Engine Warming Up Rqst	发动机暖机请求/ON或OFF	请求发动机暖机时： ON 发动机暖机后： OFF	·动力管理控制ECU ·ECM
SMRP Status	SMRP的工作状态/ON或OFF	电源开关置于ON（ST-ON）位置状态发生后不久： ON 以上时间过后： OFF	·混合动力蓄电池接线盒总成 ·线束
SMRP Control Status	SMRP的工作状态/ON或OFF	电源开关置于ON（ST-ON）位状态发生后不久： ON 以上时间过后： OFF	·混合动力蓄电池接线盒总成 ·线束
MG1 Gate Status	MG1门状态/ON或OFF	切断MG1逆变器： ON	·动力管理控制ECU ·带转换器的逆变器总成
MG2 Gate Status	MG2门状态/ON或OFF	切断MG2逆变器： ON	·动力管理控制ECU ·带转换器的逆变器总成
Converter Gate Status	增压转换器门状态/ON或OFF	切断增压转换器： ON	·动力管理控制ECU ·带转换器的逆变器总成
Aircontral Gate Status	关闭空调逆变器时/ON或OFF	关闭空调逆变器时： ON	·空调放大器 ·动力管理控制ECU
Converter Carrier Freq	转换器信号载波频率/9.55kHz/9.13kHz/8.71kHz/8.29kHz/7.87kHz/7.45kHz/4.8kHz	—	—
Delta SOC	SOC的最大和最小值之差/ 最小：0.0% 最大：127.5%	READY指示灯点亮、发动机停止且无电气负载： 0.0%~60.0%	—
Batt Pack Current Val	HV蓄电池电流/ 最小：-327.68A 最大：327.67A	发动机停止的情况下全负载加速后不久： 最大190.00A 选择驻车档（P）的情况下起动发动机后不久： 100.00A或更大	HV蓄电池电流传感器电路
Inhaling Air Temp	HV蓄电池进气温度/ 最低：-50.0℃ 最高：205.9℃	—	—

（续）

检测仪显示	测量项目/范围	正常状态	诊断备注
VMF Fan Motor Voltage 1	蓄电池鼓风机电动机监视电压/ 最低：0.0V 最高：25.5V	READY 指示灯点亮且选择驻车档（P）时风扇模式 1： 1.0～1.4V	蓄电池冷却风扇电路
Auxiliary Battery Vol	辅助蓄电池电压/ 最低：-40.00V 最高：39.90V	与辅助蓄电池电压相同	·辅助蓄电池 ·混合动力车辆转换器
Charge Control Value	从蓄电池智能单元发送到动力管理控制 ECU 的充电控制功率/ 最小：-64.0kW 最大：63.5kW	-33.0kW 或更大	—
Discharge Control Value	从蓄电池智能单元发送到动力管理控制 ECU 的放电控制功率/ 最小：-64.0kW 最大：63.5kW	30.0kW 或更小	—
Cooling Fan Mode 1	蓄电池冷却风扇工作模式/ 最小：0 最大：255	电源开关置于 ON（IG）或 ON（READY）位，且冷却风扇停止： 0 电源开关置于 ON（IG）或 ON（READY）位，且冷却风扇由低速至高速： 1→6	蓄电池冷却风扇电路
ECU Control Mode	HV 蓄电池控制模式/ 最小：1 最大：5	驱动控制模式： 1 电流传感器偏置模式： 2 外部充电控制模式： 3 电源结束模式： 4	—
Standby Blower Request	蓄电池鼓风机电动机停止控制请求（备用鼓风机）/ON 或 OFF	常态： ON 或 OFF	空调系统
Temp of Batt TB1	HV 蓄电池的温度/ 最低：-50.0℃ 最高：205.9℃	静置一天：与环境温度相同	·蓄电池温度传感器 ·蓄电池智能单元
Temp of Batt TB2	HV 蓄电池的温度/ 最低：-50.0℃ 最高：205.9℃	静置一天：与环境温度相同	·蓄电池温度传感器 ·蓄电池智能单元
Temp of Batt TB3	HV 蓄电池的温度/ 最低：-50.0℃ 最高：205.9℃	静置一天：与环境温度相同	·蓄电池温度传感器 ·蓄电池智能单元
Battery Block Num	HV 蓄电池单元的数量	始终：14	HV 蓄电池

项目 3　新能源汽车的故障诊断

（续）

检测仪显示	测量项目/范围	正常状态	诊断备注
Batt Block Minimum Vol	蓄电池单元最低电压/ 最低：0.00V 最高：79.99V	SOC 55%～60%：12.00V 或更高	—
Minimum Batt Block No	电压最低时的蓄电池单元数/ 最少：0 最多：14	单元数为 0～14 中的任意数	—
Batt Block Max Vol	蓄电池单元最高电压/ 最低：0.00V 最高：79.99V	SOC 55%～60%：12.00V 或更高	—
Max Battery Block No	电压最高时的蓄电池单元数/ 最少：0 最多：14	单元数为 0～14 中的任意数	—
Battry Block Vol-V01	蓄电池单元电压/ 最低：0.00V 最高：79.99V	SOC 60%：12.00～20.00V	・HV 蓄电池 ・蓄电池智能单元
Battry Block Vol-V02	蓄电池单元电压/ 最低：0.00V 最高：79.99V	SOC 60%：12.00～20.00V	・HV 蓄电池 ・蓄电池智能单元
Battry Block Vol-V03	蓄电池单元电压/ 最低：0.00V 最高：79.99V	SOC 60%：12.00～20.00V	・HV 蓄电池 ・蓄电池智能单元
Battry Block Vol-V04	蓄电池单元电压/ 最低：0.00V 最高：79.99V	SOC 60%：12.00～20.00V	・HV 蓄电池 ・蓄电池智能单元
Battry Block Vol-V05	蓄电池单元电压/ 最低：0.00V 最高：79.99V	SOC 60%：12.00～20.00V	・HV 蓄电池 ・蓄电池智能单元
Battry Block Vol-V06	蓄电池单元电压/ 最低：0.00V 最高：79.99V	SOC 60%：12.00～20.00V	・HV 蓄电池 ・蓄电池智能单元
Battry Block Vol-V07	蓄电池单元电压/ 最低：0.00V 最高：79.99V	SOC 60%：12.00～20.00V	・HV 蓄电池 ・蓄电池智能单元
Battry Block Vol-V08	蓄电池单元电压/ 最低：0.00V 最高：79.99V	SOC 60%：12.00～20.00V	・HV 蓄电池 ・蓄电池智能单元
Battry Block Vol-V09	蓄电池单元电压/ 最低：0.00V 最高：79.99V	SOC 60%：12.00～20.00V	・HV 蓄电池 ・蓄电池智能单元

（续）

检测仪显示	测量项目/范围	正常状态	诊断备注
Battry Block Vol-V10	蓄电池单元电压/ 最低：0.00V 最高：79.99V	SOC 60%：12.00~20.00V	・HV 蓄电池 ・蓄电池智能单元
Battry Block Vol-V11	蓄电池单元电压/ 最低：0.00V 最高：79.99V	SOC 60%：12.00~20.00V	・HV 蓄电池 ・蓄电池智能单元
Battry Block Vol-V12	蓄电池单元电压/ 最低：0.00V 最高：79.99V	SOC 60%：12.00~20.00V	・HV 蓄电池 ・蓄电池智能单元
Battry Block Vol-V13	蓄电池单元电压/ 最低：0.00V 最高：79.99V	SOC 60%：12.00~20.00V	・HV 蓄电池 ・蓄电池智能单元
Battry Block Vol-V14	蓄电池单元电压/ 最低：0.00V 最高：79.99V	SOC 60%：12.00~20.00V	・HV 蓄电池 ・蓄电池智能单元
Intemal Resistance R01	各蓄电池单元内部电阻/ 最小：0.000Ω 最大：0.255Ω	始终：0.010~0.100Ω	HV 蓄电池
Intemal Resistance R02	各蓄电池单元内部电阻/ 最小：0.000Ω 最大：0.255Ω	始终：0.010~0.100Ω	HV 蓄电池
Intemal Resistance R03	各蓄电池单元内部电阻/ 最小：0.000Ω 最大：0.255Ω	始终：0.010~0.100Ω	HV 蓄电池
Intemal Resistance R04	各蓄电池单元内部电阻/ 最小：0.000Ω 最大：0.255Ω	始终：0.010~0.100Ω	HV 蓄电池
Intemal Resistance R05	各蓄电池单元内部电阻/ 最小：0.000Ω 最大：0.255Ω	始终：0.010~0.100Ω	HV 蓄电池
Intemal Resistance R06	各蓄电池单元内部电阻/ 最小：0.000Ω 最大：0.255Ω	始终：0.010~0.100Ω	HV 蓄电池
Intemal Resistance R07	各蓄电池单元内部电阻/ 最小：0.000Ω 最大：0.255Ω	始终：0.010~0.100Ω	HV 蓄电池
Intemal Resistance R08	各蓄电池单元内部电阻/ 最小：0.000Ω 最大：0.255Ω	始终：0.010~0.100Ω	HV 蓄电池

（续）

检测仪显示	测量项目/范围	正常状态	诊断备注
Internal Resistance R09	各蓄电池单元内部电阻/ 最小：0.000Ω 最大：0.255Ω	始终：0.010~0.100Ω	HV 蓄电池
Internal Resistance R10	各蓄电池单元内部电阻/ 最小：0.000Ω 最大：0.255Ω	始终：0.010~0.100Ω	HV 蓄电池
Internal Resistance R11	各蓄电池单元内部电阻/ 最小：0.000Ω 最大：0.255Ω	始终：0.010~0.100Ω	HV 蓄电池
Internal Resistance R12	各蓄电池单元内部电阻/ 最小：0.000Ω 最大：0.255Ω	始终：0.010~0.100Ω	HV 蓄电池
Internal Resistance R13	各蓄电池单元内部电阻/ 最小：0.000Ω 最大：0.255Ω	始终：0.010~0.100Ω	HV 蓄电池
Internal Resistance R14	各蓄电池单元内部电阻/ 最小：0.000Ω 最大：0.255Ω	始终：0.010~0.100Ω	HV 蓄电池
Battery Low Time	HV 蓄电池充电量过低累计总量（发动机不可起动）/ 最少：0 最多：65535	—	—
DC Inhibit Time	DC 抑制时间/ 最少：0 最多：65535	—	—
Battery too High Time	HV 蓄电池充电量过高累计总量（发动机不可起动）/ 最少：0 最多：65535	—	—
Hot Temperature Time	HV 蓄电池温度快速升高累计总量（发动机不可起动）/ 最少：0 最多：65535	—	—
Pattern Switch（PWR/M）	动力模式开关（集成控制和面板分总成）信号/ON 或 OFF	动力模式开关（集成控制和面板分总成）打开：ON	—

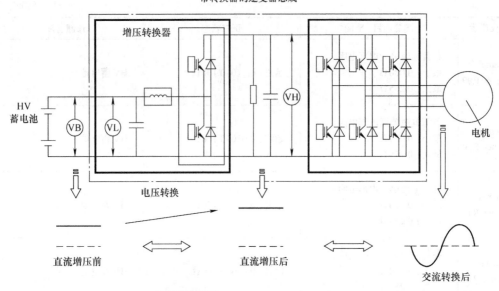

图 3-2-22　增压转换器升压控制逻辑

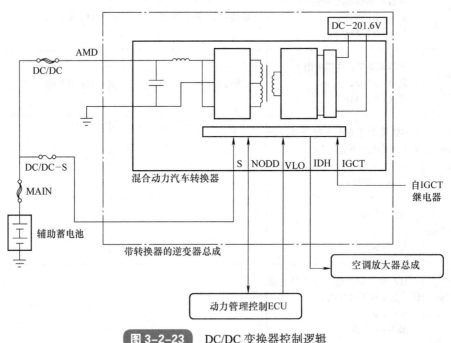

图 3-2-23　DC/DC 变换器控制逻辑

2.2.2　电机

（1）主要功能

丰田普锐斯混合动力系统采用了交流同步电机，其内部结构如图 3-2-24 所示。MG1 电机采用三相交流方式，作为发电机时主要为高电压蓄电池充电并为 MG2 电机供电。通过调节发电量（改变电机的转速），MG1 可有效地控制变速驱动桥的连续可变变速器功能。MG1 电机同样用作起动机以起动发动机。

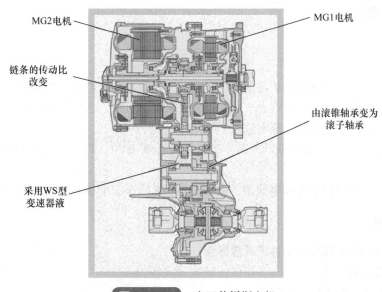

图 3-2-24　丰田普锐斯电机

丰田普锐斯混合动力系统中采用了"再生制动器",它利用 MG2 电机的发电来再次利用动能。MG2 电机通常在通电后开始转动,让外界力量带动它旋转时,又可作为发电机来发电。因此,利用驱动轮的旋转力矩带动 MG2 电机发电,在给高电压蓄电池充电的同时,又可利用发电时的电阻来减速。

高压电从高压蓄电池经过系统主继电器到变频器和转换器。然后直流电变为 MG1 和 MG2 需要的交流电,同时转换为空调压缩机和 EPS 需要的交流电及辅助蓄电池需要的直流电,如图 3-2-25 所示。

（2）主要数据流

数据流见表 3-2-3。

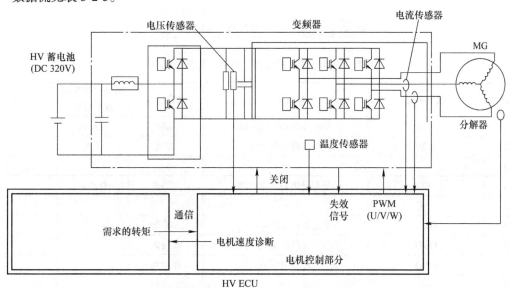

图 3-2-25　丰田普锐斯电机控制逻辑

四、任务实施

1. 任务准备

安全防护：做好车辆安全防护与隔离（车内外三件套、车轮挡块、警示隔离带等）。

工具设备：数字万用表、兆欧表、示波器、绝缘防护用品、绝缘工具套装、常规工具套装、道通MS908E汽车智能诊断仪、充电桩。

台架车辆：比亚迪e5分控联动系统（行云新能INW-EV-E5-FL）、比亚迪e5教学版和普锐斯整车。

辅助资料：汽车维修手册和电路图、道通MS908E汽车智能诊断仪使用说明书、教材。

2. 实施步骤

2.1 比亚迪e5高压驱动组件的故障排查

2.1.1 电路分析与测量

（1）电路插接器端子接口及定义

① 低压插接件（64Pin）接口（图3-2-26）及定义（表3-2-4）。

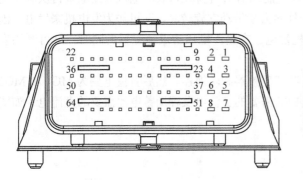 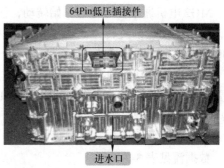

图 3-2-26　低压插接件（64Pin）接口

表 3-2-4　低压插接件（64Pin）接口定义

引脚号	端口名称	端口定义	线束接法	电源性质及电压标准值	备注
1	+12V	外部提供ON档电源	双路电	双路电	
2	+12V	外部提供常火电	常电	常电	
3	—				
4	+12V	外部提供ON档电源	双路电	双路电	
5	—				
6	GND	加速踏板深度屏蔽地	车身地		
7	GND	外部电源地	车身地		
8	GND	外部电源地	车身地		
9	—	—			
10	GND	巡航地			

（续）

引脚号	端口名称	端口定义	线束接法	电源性质及电压标准值	备注
11	GND	充电枪温度1地（标准）	充电口		
12	MES-BCM	BCM充电连接信号	BCM		
13	NET-CC1	充电控制信号1（标准）	充电口		
14	CRUISE-IN	巡航信号	转向盘		
15	STATOR-T-IN	电机绕组温度	电机		
16	CHAR-TEMP1	充电枪座温度信号1（标准）	充电口		
17	DC-BRAKE1	制动踏板深度1	制动踏板		
18	DC-GAIN2	加速踏板深度2	加速踏板		
19	MES-BMS-OUT	BMS信号	BMS		
20	—	—			
21	—	—			
22	—	—			
23	—	—			
24	—	—			
25	—	—			
26	GND	动力网CAN信号屏蔽地	充电口		
27	—	—			
28	—	—			
29	GND	电机模拟温度地	电机		
30	—	—			
31	DC-BRAKE2	制动踏板深度2	制动踏板		
32	DC-GAIN1	加速踏板深度1	加速踏板		
33	DIG-YL1-OUT	预留开关量输出1	空		
34	DIG-YL2-OUT	预留开关量输出2	空		
35	/IN-HAND-BRAKE	驻车制动信号	预留		
36	—	—			
37	GND	制动踏板深度屏蔽地			
38	+5V	制动踏板深度电源1	制动踏板		
39	+5V	加速踏板深度电源2	加速踏板		
40	+5V	加速踏板深度电源1	加速踏板		
41	+5V	制动踏板深度电源2	制动踏板		
42	—	—			
43	SWITCH-YL1	预留开关量输入1	空		
44	—	车内插座触发信号	车内插座		
45	GND	旋变屏蔽地	电机		
46	EXT-ECO/SPO	经济/运动模式输入	开关组		预留
47	NET-CP	充电电流确认信号（国标CP）	充电口		
48	—	—			

(续)

引脚号	端口名称	端口定义	线束接法	电源性质及电压标准值	备注
49	CANH	动力网 CAN_H	动力网 CAN_H		
50	CANL	动力网 CAN_L	动力网 CAN_L		
51	GND	制动踏板深度电源地 1	制动踏板		
52	GND	加速踏板深度电源地 2	加速踏板		
53	—				
54	GND	加速踏板深度电源地 1	制动踏板		
55	GND	制动踏板深度电源地 2	制动踏板		
56	SWITCH-YL2	预留开关量输入 2	空		
57	IN-FEET-BRAKE	制动信号	制动踏板		
58	DSP-ECO/SPO-OUT	经济 / 运动模式输出	开关组		预留
59	/EXCOUT	励磁 -	电机		
60	EXCOUT	励磁 +	电机		
61	COS+	余弦 +	电机		
62	COS-	余弦 -	电机		
63	SIN+	正弦 +	电机		
64	SIN-	正弦 -	电机		

② 低压插接件（33Pin）接口（图 3-2-27）及定义（表 3-2-5）。

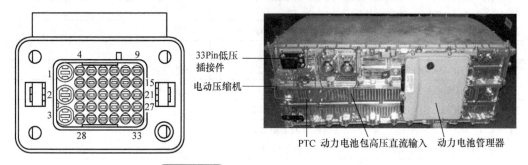

图 3-2-27　低压插接件（33Pin）接口

表 3-2-5　低压插接件（33Pin）接口定义

引脚号	端口名称	端口定义	线束接法	电源性质及电压标准值	备注
1-3		空脚			
4	VCC	双路电电源	双路电	双路电（+12V）	
5	VCC	双路电电源	双路电		
6	—	—			
7	—	—			
8	GND	双路电电源地	车身接地	双路电	
9	GND	双路电电源地	车身接地		

（续）

引脚号	端口名称	端口定义	线束接法	电源性质及电压标准值	备注
10	GND	直流霍尔屏蔽地	BMS		
11	—	—			
12	—	—			
13	GND	CAN 屏蔽地			
14	CAN_H	动力网 CAN_H	动力网		
15	CAN_L	动力网 CAN_L	动力网		
16	15V	直流霍尔电源 +	BMS		
17	15V	直流霍尔电源 -	BMS		
18	HALL	直流霍尔信号	BMS		
19	—	—			
20	—	一般漏电信号	BMS		
21	—	严重漏电信号	BMS		
22	驱动/充电	高压互锁 +	BMS		
23		高压互锁 -	电池包		
24	12V	主接触器/预充接触器电源	高压分配箱	双路电	
25	12V	交直流充电正负极接触器电源	高压分配箱	双路电	
26	—	—			
27	—	—			
28	—	—			
29	GND	主预充接触器控制信号	BMS		
30	GND	直流充电正极接触器控制信号	BMS		
31	GND	直流充电负极接触器控制信号	BMS		
32	GND	主接触器控制信号	BMS		
33	GND	交流充电接触器控制信号	BMS		

③ 漏电传感器接口定义如图 3-2-28 所示。

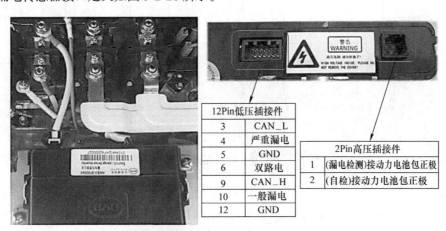

图 3-2-28　漏电传感器接口定义

（2）高压驱动控制电路图

高压驱动控制电路图如图 3-2-29 所示。

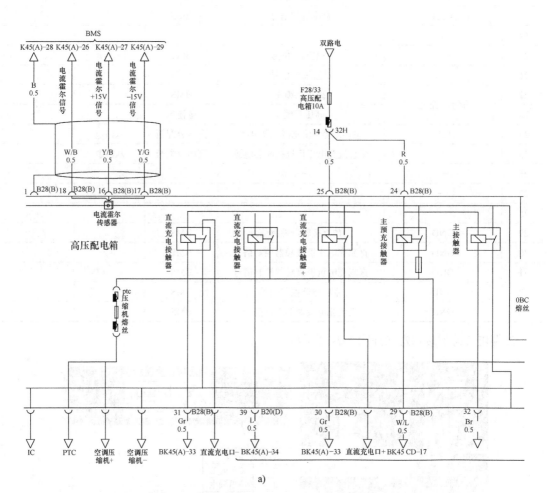

图 3-2-29 高压驱动控制电路图

项目3 新能源汽车的故障诊断

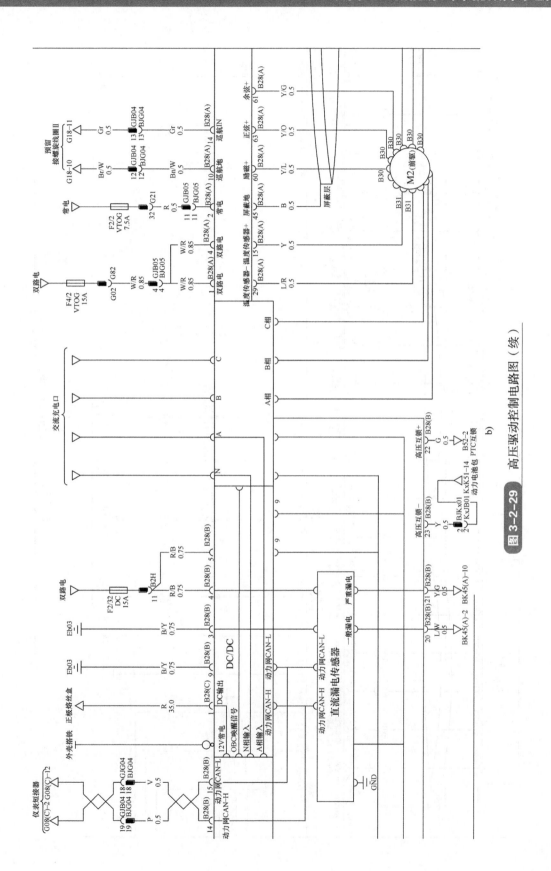

图 3-2-29 高压驱动控制电路图（续）

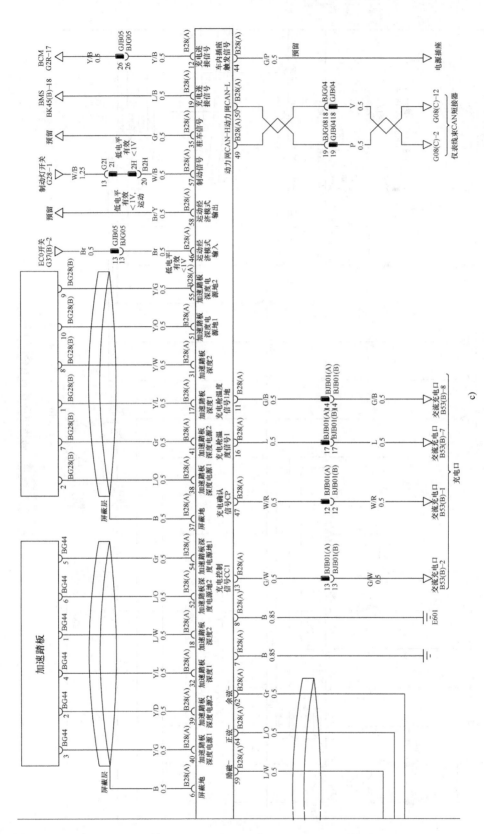

图 3-2-29 高压驱动控制电路图（续）

项目3 新能源汽车的故障诊断

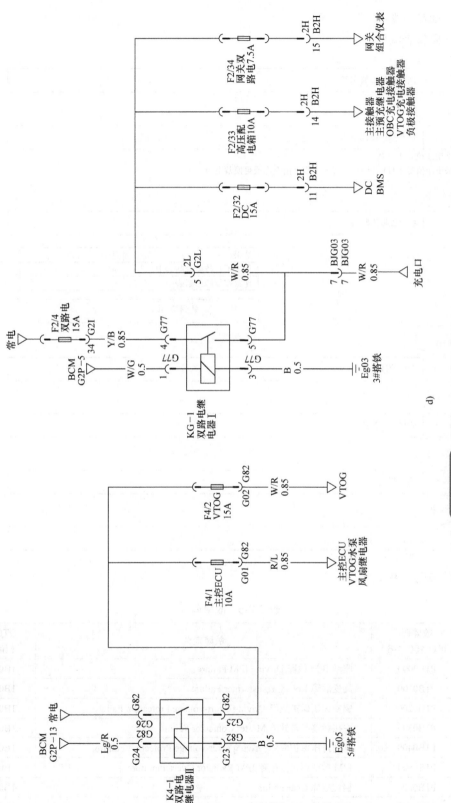

图 3-2-29 高压驱动控制电路图（续）

2.1.2 故障排查

（1）故障排查流程

（2）故障码（表3-2-6）

表3-2-6 故障码

序号	故障码 （ISO 15031-6）	故障定义	DTC 值 （hex）
1	P1B0000	驱动 IPM 故障 Driving IPM Failure	1B0000
2	P1B0100	旋变故障 Rotary Transformer Failure	1B0100
3	P1B0200	驱动欠压保护故障 Driving Short-voltage Protection Failure	1B0200
4	P1B0300	主接触器异常故障 Master Contactor Failure	1B0300
5	P1B0400	驱动过压保护故障 Driving Over-voltage Protection Failure	1B0400
6	P1B0500	IPM 散热器过温故障 IPM Radiator Overtemprature	1B0500
7	P1B0600	档位故障 Gear Failure	1B0600
8	P1B0700	加速踏板信号异常故障 Throttle Abnormal	1B0700

（续）

序号	故障码 （ISO 15031-6）	故障定义	DTC 值 （hex）
9	P1B0800	电机过温故障	1B0800
10	P1B0900	电机过流故障	1B0900
11	P1B0A00	电机缺相故障	1B0A00
12	P1B0B00	EEPROM 失效故障	1B0B00
13	P1B3100	IGBT 过热	1B3100
14	P1B3200	GTOV 电感温度过高	1B3200
15	P1B3400	电网电压过高	1B3400
16	P1B3500	电网电压过低	1B3500
17	P1B3800	可自适应相序保护错误	1B3800
18	P1B3900	交流电压霍尔异常	1B3900
19	P1B3A00	交流电流霍尔失效	1B3A00
20	P1B3B00	三相交流过流	1B3B00
21	P1B4000	GTOV 母线电压过高	1B4000
22	P1B4100	GTOV 母线电压过低	1B4100
23	P1B4300	GTOV 母线电压霍尔异常	1B4300
24	P1B4700	GTOV 直流电流过流保护	1B4700
25	P1B4900	GTOV 直流电流霍尔异常	1B4900
26	P1B4A00	GTOV 直流电流瞬时过高	1B4A00
27	P1B4B00	GTOV-IPM 保护	1B4B00
28	P1B4C00	GTOV 可恢复故障连续触发	1B4C00
29	P1B4D00	GTOV 可恢复故障恢复超时	1B4D00
30	U025F00	与 P 档电机控制器通信故障	C25F00
31	U029E00	与主控通信故障	C29E00
32	U011100	与动力电池管理器通信故障	C11100
33	U029D00	与 ESP 通信故障	C29D00
34	U012100	与 ABS 通信故障	C12100
35	U029F00	与 OBC 通信故障	C29F00
36	P1B6800	充电枪过温	1B6800
37	P1B6900	起动前交流过流	1B6900
38	P1B6A00	起动前直流过流	1B6A00
39	P1B6B00	频率过高	1B6B00
40	P1B6C00	频率过低	1B6C00
41	P1B6D00	不可自适应相序错误保护	1B6D00
42	P1B6E00	直流预充满	1B6E00

（续）

序号	故障码 （ISO 15031-6）	故障定义	DTC 值 （hex）
43	P1B6F00	直流短路	1B6F00
44	P1B7000	直流断路	1B7000
45	P1B7100	电机接触器烧结	1B7100
46	P1B7200	CC 信号异常	1B7200
47	P1B7300	CP 信号异常	1B7300
48	P1B7400	IGBT 检测故障	1B7400
49	P1B7500	交流三相电压不平衡	1B7500
50	P1B7600	交流三相电流不平衡	1B7600
51	P1B7700	电网电压零漂不过	1B7700
52	P1B7800	逆变电压零漂不过	1B7800
53	P1B7900	交流电流零漂不过	1B7900
54	P1B7A00	直流电流零漂不过	1B7A00
55	P1B7B00	SCI 通信异常	1B7B00
56	U015500	与仪表 CAN 通信失效	C15500
57	P1EC000	降压时高压侧电压过高	1EC000
58	P1EC100	降压时高压侧电压过低	1EC100
59	P1EC200	降压时低压侧电压过高	1EC200
60	P1EC300	降压时低压侧电压过低	1EC300
61	P1EC400	降压时低压侧电流过高	1EC400
62	P1EC700	降压时硬件故障	1EC700
63	P1EC800	降压时低压侧短路	1EC800
64	P1EC900	降压时低压侧断路	1EC900
65	P1EE000	散热器过温	1EE000
66	U012200	与低压 BMS 通信故障	C12200
67	U011100	与动力电池管理器通信故障	C11100
68	U014000	与 BCM 通信故障	C14000
69	P1BF400	驱动电机控制器主动泄放模块故障	1BF400
70	U011000	与电机控制器通信故障	C11000
71	U011100	与动力电池管理器通信故障	C11100
72	P150000	车载充电器输入欠压	150000
73	P150100	车载充电器输入过压	150100
74	P150200	车载充电器高压输出断线故障	150200
75	P150300	车载充电器高压输出电流过流	150300
76	P150400	车载充电器高压输出电流过低	150400

（续）

序号	故障码 (ISO 15031-6)	故障定义	DTC值 (hex)
77	P150500	车载充电器高压输出电压低	150500
78	P150600	车载充电器高压输出电压高	150600
79	P150700	车载充电器接地状态故障	150700
80	P150800	车载充电器风扇状态故障	150800
81	P150900	DC逆变桥温度故障	150900
82	P150A00	PFC输出状态故障	150A00
83	P150B00	PFC桥温度故障	150B00
84	P150C00	供电设备故障	150C00
85	P150D00	低压输出断线	150D00
86	P150E00	低压蓄电池电压过低	150E00
87	P150F00	低压蓄电池电压过高	150F00
88	P151000	交流充电感应信号断线故障	151000
89	U011100	与动力电池管理器通信故障	C11100
90	U015500	与组合仪表通信故障	C15500

（3）故障案例分析

1）故障现象：一台比亚迪e5行驶中，仪表提示"低压电池电量过低，请检查车辆状态"。自动熄火后车辆无法再上电（即全车没电，点击起动按钮无任何反应），如图3-2-30所示。

图3-2-30　全车无电故障

2）故障诊断：连接诊断仪，读取故障码发现扫描到DC/DC故障：降压时低压侧电压过低、降压时硬件故障，如图3-2-31所示。

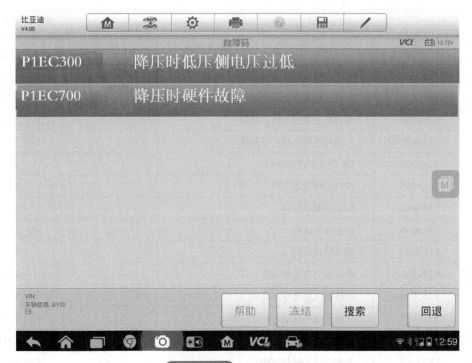

图 3-2-31　DC/DC 故障

读取 DC/DC 数据流（图 3-2-32）：高压侧 635V，正常；低压侧 11.3V，异常（正常情况下都在 13.8V 以上）。

名称	值	参考值	单位
工作状态	无效数据		
放电是否允许	允许		
DC系统故障状态	正常		
DC工作模式	降压状态		
高压侧电压	635	0...1000	伏
高压侧电流	-50	-50...50	安培
低压侧电压	11.3	0...20	伏
低压侧电流	-212	-250...250	安培
MOS管温度	44	-40...200	°C

图 3-2-32　DC/DC 数据流

3）故障分析与排查：从故障现象和诊断结果来看，应是低压电池亏电直接导致的车辆熄火。造成低压电池亏电的可能原因有两方面：一是低压铁电池内部故障（如 MOS 管故障）导致无法充电。二是低压电源系统故障导致电池电压过低。如果 DC/DC 故障或低压电源线路故障则会导致电池无法充电。

使用万用表测量低压电池正负极柱之间电压为 0V，判断低压电池因严重亏电已进入超低功耗模式（即正极柱与电池电芯断开进行自我保护而无法对外输出电压）。并联蓄电池后，可以起动车辆，但仪表上充电系统警告灯点亮，提示"低压电池电量过低、请检查车辆状态"。用万用表测量高压电控总成（DC/DC）低压输出端电压为 11.86V（图 3-2-33），判断 DC/DC 电压输出异常导致低压铁电池亏电，最终引起熄火。

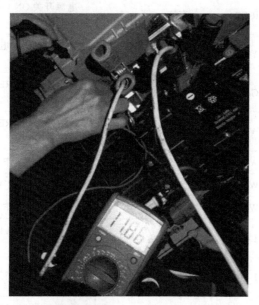

图 3-2-33　低压输出端电压

4）故障排除：更换高压电控总成，试车，故障排除（注：应对旧的"四合一"进行密码清除，并对新的"四合一"进行防盗编程）。

2.2　丰田第三代普锐斯高压驱动组件的故障排查

2.2.1　电路分析与测量

（1）电路插接器端子接口及定义

① 动力管理系统 ECU 接口（图 3-2-34）及定义（表 3-2-7）。

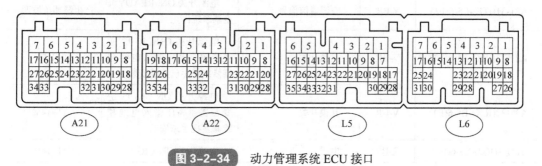

图 3-2-34　动力管理系统 ECU 接口

表 3-2-7　动力管理系统 ECU 接口的定义

端子编号（符号）	配线颜色	端子描述	条件	规定状态
A21-2(+B2)-L5-6(E1)	L-BR	电源	电源开关 ON（IG）	11~14V
A21-4(FCTL)-L5-5(E01)	BR-W-B	冷却风扇继电器信号	电源开关 ON（IG）	低于 2V
A21-11(VLO)-L5-6(E1)	R-BR	DC/DC 操作监视/电压变化信号	电源开关 ON（IG）	产生脉冲（波形 1）
A21-13(IWP)-L5-6(E1)	G-BR	逆变器水泵总成信号	电源开关 ON（READY）	产生脉冲（波形 2）
A21-14(NIWP)-L5-6(E1)	P-BR	逆变器水泵总成信号	电源开关 ON（READY）	产生脉冲（波形 2）
A21-15(BL)-L5-6(E1)	R-BR	倒车灯	电源开关 ON（IG），变速杆置于 R 位	11~14V
A21-16(GI)-L5-6(E1)	Y-BR	凸轮轴位置传感器信号	发动机运转时电源开关 ON（READY）	产生脉冲（波形 3）
A21-19(CLK)-L5-6(E1)	G-BR	空调通信信号	电源开关 ON（READY），空调系统停止	产生脉冲（波形 4）
A21-20(STB)-L5-6(E1)	W-BR	空调通信信号	电源开关 ON（READY），空调系统停止	产生脉冲（波形 4）
A21-21(NODD)-L5-6(E1)	W-BR	DC/DC 操作	转换器正常工作	5~7V
A21-21(NODD)-L5-6(E1)	W-BR	DC/DC 操作	转换器未正常工作	2~4V
A21-21(NODD)-L5-6(E1)	W-BR	DC/DC 操作	禁止转换器工作	0.1~0.5V
A21-24(MMT)-A21-25(MMTG)	L-BR	电动机温度传感器	电源开关 ON（IG），温度为 25℃	3.6~4.6V
A21-24(MMT)-A21-25(MMTG)	L-BR	电动机温度传感器	电源开关 ON（IG），温度为 60℃	2.2~3.2V
A21-26(GTM)-A21-27(GMTG)	B-R	发电机温度传感器	电源开关 ON（IG），温度为 25℃	3.6~4.6V
A21-26(GTM)-A21-27(GMTG)	B-R	发电机温度传感器	电源开关 ON（IG），温度为 60℃	2.2~3.2V
A21-29(SIO)-L5-6(E1)	Y-BR	HV 蓄电池鼓风机风扇	电源开关 ON（IG），主动测试过程中	产生脉冲（波形 5）
A21-30(ETI)-L5-6(E1)	R-BR	空调通信信号	电源开关 ON（READY），空调系统停止	产生脉冲（波形 4）
A21-31(ITE)-L5-6(E1)	Y-BR	空调通信信号	电源开关 ON（READY），空调系统停止	产生脉冲（波形 4）
A21-32(ILK)-L5-6(E1)	V-BR	互锁开关	电源开关 ON（IG），逆变器盖、高压输入电缆和维修塞把手已正确安装	0~1.5V
A21-32(ILK)-L5-6(E1)	V-BR	互锁开关	电源开关 ON（IG），逆变器盖、高压输入电缆和维修塞把手未安装	11~14V
A21-1(IG2)-L5-6(E1)	R-BR	电源	电源开关 ON（IG）	11~14V

（续）

端子编号（符号）	配线颜色	端子描述	条件	规定状态
A21-2(IG2D)-L5-6(E1)	V-BR	IG2 继电器	电源开关 ON（IG）	11~14V
A21-5(+B1)-L5-6(E1)	L-BR	电源	电源开关 ON（IG）	11~14V
A22-6(MREL)-L5-6(E1)	BE-BR	主继电器	电源开关 ON（IG）	11~14V
A22-7(ST1-)-L5-6(E1)	R-BR	制动取消开关	电源开关 ON（IG），踩下制动踏板	0~1.5V
A22-7(ST1-)-L5-6(E1)	R-BR	制动取消开关	电源开关 ON（IG），踩下制动踏板	11~14V
A22-18(VCP1)-A22-34(EP1)	Y-B	加速踏板位置传感器电源（VPA1）	电源开关 ON（IG）	4.5~5.5V
A22-19(VCP2)-A22-35(EP2)	G-R	加速踏板位置传感器电源（VPA2）	电源开关 ON（IG）	4.5~5.5V
A22-20(CLK-)-L5-6(E1)	W-BR	MG 通信时钟信号	电源开关 ON（IG）	产生脉冲（波形6）
A22-21(CLK+)-L5-6(E1)	B-BR	MG 通信时钟信号	电源开关 ON（IG）	产生脉冲（波形6）
A22-22(PCON)-L5-6(E1)	LG-BR	P 位置开关信号	电源开关 ON（IG），选择驻车档（P）	产生脉冲（波形7）
A22-23(STP)-L5-6(E1)	L-BR	制动灯开关	踩下制动踏板	11~14V
A22-23(STP)-L5-6(E1)	L-BR	制动灯开关	制动踏板抬起	0~1.5V
A22-24(HTM+)-L5-6(E1)	B-BR	自动力管理控制 ECU 至 MG ECU 的通信信号	电源开关 ON（IG）	产生脉冲（波形8）
A22-25(HTM-)-L5-6(E1)	W-BR	自动力管理控制 ECU 至 MG ECU 的通信信号	电源开关 ON（IG）	产生脉冲（波形8）
A22-26(VPA1)-A22-34(EP1)	L-B	加速踏板位置传感器（加速踏板位置检测）	电源开关 ON（IG），松开加速踏板	0.4~1.4V
A22-26(VPA1)-A22-34(EP1)	L-B	加速踏板位置传感器（加速踏板位置检测）	电源开关 ON（IG），发动机停止，选择驻车档（P），完全踩下加速踏板	2.6~4.5V
A22-27(VPA2)-A22-35(EP2)	W-R	加速踏板位置传感器（加速踏板位置检测）	电源开关 ON（IG），松开加速踏板	1.2~2.2V
A22-27(VPA2)-A22-35(EP2)	W-R	加速踏板位置传感器（加速踏板位置检测）	电源开关 ON（IG），发动机停止，选择驻车档（P），完全踩下加速踏板	3.5~5.3V
A22-28(PPOS)-L5-6(E1)	W-BR	P 位置开关信号	电源开关 ON（IG），选择驻车档（P）	产生脉冲（波形7）
A22-29(MTH-)-L5-6(E1)	W-BR	自 MG ECU 至动力管理控制 ECU 的通信信号	电源开关 ON（IG）	产生脉冲（波形9）
A22-30(MTH+)-L5-6(E1)	B-BR	自 MG ECU 至动力管理控制 ECU 的通信信号	电源开关 ON（IG）	产生脉冲（波形9）
A22-31(HSDN)-L5-6(E1)	B-BR	MG ECU 切断信号	电源开关 ON（READY）	0~1.5V

（续）

端子编号（符号）	配线颜色	端子描述	条件	规定状态
A22-32(REQ-)-L5-6(E1)	W-BR	MG ECU 通信请求信号	电源开关 ON（IG）	产生脉冲（波形 10）
A22-33(REQ+)-L5-6(E1)	B-BR	MG ECU 通信请求信号	电源开关 ON（IG）	产生脉冲（波形 10）
L5-1(AM22)-L5-6(E1)	W-BR	稳压电源	电源开关 ON（IG）	11~14V
L5-1(AM22)-L5-6(E1)	W-BR	稳压电源	电源开关 ON（READY）	11~15.5V
L5-2(SMRG)-L5-5(E01)	Y-W-B	系统主继电器	电源开关 ON（IG）→电源开关 ON（READY）	产生脉冲（波形 11）
L5-3(SMRG)-L5-5(E01)	W-W-B	系统主继电器	电源开关 ON（IG）→电源开关 ON（READY）	产生脉冲（波形 11）
L5-4(SMRB)-L5-5(E01)	SB-W-B	系统主继电器	电源开关 ON（IG）→电源开关 ON（READY）	产生脉冲（波形 11）
L5-7(SSW1)-L5-6(E1)	B-BR	电源开关	按住电源开关	0~1.5V
L5-11(TC)-L5-6(E1)	P-BR	诊断端子	电源开关 ON（IG）	11~14V
L5-13(EVSW)-L5-6(E1)	B-BR	EV 行驶模式开关信号	电源开关 ON（IG），EV 行驶模式开关关闭	11~14V
L5-13(EVSW)-L5-6(E1)	B-BR	EV 行驶模式开关信号	电源开关 ON（IG），EV 行驶模式开关关闭	0~1.5V
L5-14(SPDI)-L5-6(E1)	V-BR	车速信号	约 20km/h	产生脉冲（波形 12）
L5-16(P1)-L5-6(E1)	Y-BR	P 位开关信号	电源开关 ON（IG），P 位开关关闭	7~12V
L5-16(P1)-L5-6(E1)	Y-BR	P 位开关信号	电源开关 ON（IG），P 位开关打开	3~5V
L5-17(VCX4)-L5-6(E1)	P-BR	变速杆位置传感器电源（VCX4）	电源开关 ON（IG）	11~14V
L5-18(VSX4)-L5-6(E1)	LG-BR	变速杆位置传感器（副）	电源开关 ON（IG），变速杆置于原始位置	1.0~1.6V
L5-18(VSX4)-L5-6(E1)	LG-BR	变速杆位置传感器（副）	电源开关 ON（IG），变速杆置于 R、N 或 D 位	2.9~4.3V
L5-19(VSX3)-L5-6(E1)	W-BR	变速杆位置传感器电源（VCX3）	电源开关 ON（IG）	11~14V
L5-20(VSX3)-L5-6(E1)	BR-BR	变速杆位置传感器（主）	电源开关 ON（IG），变速杆置于原始位置	1.0~1.6V
L5-20(VSX3)-L5-6(E1)	BR-BR	变速杆位置传感器（主）	电源开关 ON（IG），变速杆置于 R、N 或 D 位	2.9~4.3V
L5-21(VSX2)-L5-23(E2X2)	G-Y	变速杆位置传感器电源（VCX2）	电源开关 ON（IG）	4.5~5.5V
L5-22(VSX2)-L5-23(E2X2)	L-Y	变速杆位置传感器（副）	电源开关 ON（IG），变速杆置于原始位置	2.0~3.0V

项目 3　新能源汽车的故障诊断

（续）

端子编号（符号）	配线颜色	端子描述	条件	规定状态
L5-22(VSX2)-L5-23(E2X2)	L-Y	变速杆位置传感器（副）	电源开关 ON（IG），变速杆置于 R 位	0.3~1.8V
L5-22(VSX2)-L5-23(E2X2)	L-Y	变速杆位置传感器（副）	电源开关 ON（IG），变速杆置于 B 或 D 位	3.2~4.8V
L5-25(VSX1)-L5-24(E2X1)	B-R	变速杆位置传感器（主）	电源开关 ON（IG），变速杆置于原始位置	2.0~3.0V
L5-25(VSX1)-L5-24(E2X1)	B-R	变速杆位置传感器（主）	电源开关 ON（IG），变速杆置于 R 位	0.3~1.8V
L5-25(VSX1)-L5-24(E2X1)	B-R	变速杆位置传感器（主）	电源开关 ON（IG），变速杆置于 B 或 D 位	3.2~4.8V
L5-25(VSX1)-L5-24(E2X1)	W-R	变速杆位置传感器电源（VCX1）	电源开关 ON（IG）	4.5~5.5V
L5-28(THB)-L5-30(ETHB)	L-V	辅助蓄电池温度	电源开关 ON（IG），辅助蓄电池温度为 25℃	1.7~2.3V
L5-28(THB)-L5-30(ETHB)	L-V	辅助蓄电池温度	电源开关 ON（IG），辅助蓄电池温度为 60℃	0.6~0.9V
L5-29(ABFS)-L5-6(E1)	B-BR	安全气囊激活信号	电源开关 ON（READY）[电源开关 ON（ACC）后 2s]	产生脉冲（波形 13）
L5-32(BTH+)-L5-6(E1)	R-BR	自蓄电池智能单元至动力管理控制 ECU 的通信信号	电源开关 ON（IG）	产生脉冲（波形 14）
L5-33(BTH-)-L5-6(E1)	G-BR	自蓄电池智能单元至动力管理控制 ECU 的通信信号	电源开关 ON（IG）	产生脉冲（波形 14）
L5-34(CA2H)-L5-6(E1)	P-BR	CAN 通信系统	电源开关 ON（IG）	产生脉冲（波形 15）
L5-35(CA2L)-L5-6(E1)	V-BR	CAN 通信系统	电源开关 ON（IG）	产生脉冲（波形 15）
L6-1(ACCD)-L5-6(E1)	G-BR	ACC 继电器	电源开关 ON（ACC）	11~14V
L6-2(IG1D)-L5-6(E1)	B-BR	IG1 继电器	电源开关 ON（IG）	11~14V
L6-7(AM21)-L5-6(E1)	W-BR	稳压电源	电源开关 ON（IG）	11~14V
L6-7(AM21)-L5-6(E1)	W-BR	稳压电源	电源开关 ON（READY）	11~15.5V
L6-11(LIN2)-L5-6(E1)	L-BR	LIN 通信系统	电源开关 ON（IG），踩下制动踏板	产生脉冲
L6-17(SSW2)-L5-6(E1)	Y-BR	电源开关	按住电源开关	0~1.5V
L6-24(CA1L)-L5-6(E1)	W-BR	CAN 通信系统	电源开关 ON（IG）	产生脉冲（波形 16）
L6-25(CA1H)-L5-6(E1)	B-BR	CAN 通信系统	电源开关 ON（IG）	产生脉冲（波形 16）
L6-30(CA3N)-L5-6(E1)	L-BR	CAN 通信系统	电源开关 ON（IG）	产生脉冲（波形 17）
L6-31(CA3P)-L5-6(E1)	LG-BR	CAN 通信系统	电源开关 ON（IG）	产生脉冲（波形 17）

② 逆变器 ECU 低压连接器接口（图 3-2-35）及定义（表 3-2-8）。

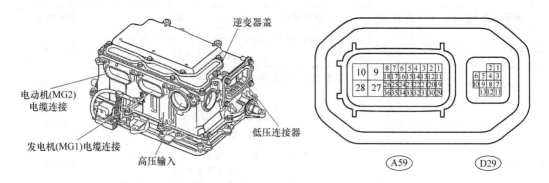

图 3-2-35　逆变器 ECU 低压连接器位置及接口

表 3-2-8　逆变器 ECU 低压连接器接口的定义

端子编号（符号）	配线颜色	端子描述	条件	规定状态
A59-1(IGCT)-A59-28(GND1)	B-W-B	MG ECU 电源	电源开关 ON（IG）	11~14V
A59-2(IDH)-A59-28(GND1)	L-W-B	PTC 加热器禁止信号	电源开关 ON（IG）	4~6V
A59-3(VLO)-A59-28(GND1)	R-W-B	DC/DC 操作监视/电压变化信号	电源开关 ON（IG）	产生脉冲（波形1）
A59-5(CLK+)-A59-28(GND1)	B-W-B	通信时钟信号	电源开关 ON（READY）	产生脉冲（波形2）
A59-3(REQ+)-A59-28(GND1)	B-W-B	通信时钟信号	电源开关 ON（READY）	产生脉冲（波形3）
A59-7(MTH+)-A59-28(GND1)	B-W-B	自 MG ECU 至动力管理系统 ECU 的通信信号	电源开关 ON（READY）	产生脉冲（波形4）
A59-8(MTH+)-A59-28(GND1)	B-W-B	自动力管理系统 ECU 至 MG ECU 的通信信号	电源开关 ON（READY）	产生脉冲（波形5）
A59-11(S)-A59-28(GND1)	W-W-B	辅助蓄电池电压监视器	电源开关 ON（IG）	11~14V
A59-12(NODD)-A59-28(GND1)	W-W-B	DC/DC 操作	转换器正常工作	5~7V
A59-12(NODD)-A59-28(GND1)	W-W-B	DC/DC 操作	转换器未正常工作	2~4V
A59-12(NODD)-A59-28(GND1)	W-W-B	DC/DC 操作	禁止转换器工作	0.1~0.5V
A59-15(CLK-)-A59-28(GND1)	W-W-B	通信时钟信号	电源开关 ON（READY）	产生脉冲（波形2）

（续）

端子编号（符号）	配线颜色	端子描述	条件	规定状态
A59-16(REQ-)-A59-28(GND1)	W-W-B	通信时钟信号	电源开关 ON（READY）	产生脉冲（波形3）
A59-17(MTH-)-A59-28(GND1)	W-W-B	自 MG ECU 至动力管理系统 ECU 的通信信号	电源开关 ON（READY）	产生脉冲（波形4）
A59-18(MTH-)-A59-28(GND1)	W-W-B	自动力管理系统 ECU 至 MG ECU 的通信信号	电源开关 ON（READY）	产生脉冲（波形5）
A59-29(GI)-A59-28(GND1)	B-W-B	GI 信号	发动机运转时电源开关 ON（READY）	产生脉冲（波形6）
A59-31(HSDN)-A59-28(GND1)	B-W-B	MG 切断信号	电源开关 ON（READY）	0~1V
A59-35(ILKI)-A59-28(GND1)	V-W-B	互锁开关信号	电源开关 ON（IG），逆变器盖、高压输入电缆或维修塞把手已正确安装	低于 1V
A59-35(ILKI)-A59-28(GND1)	V-W-B	互锁开关信号	电源开关 ON（IG），逆变器盖、高压输入电缆或维修塞把手未安装	11~14V
A59-36(ILKO)-A59-28(GND1)	LG-W-B	互锁开关信号	电源开关 ON（IG），逆变器盖、高压输入电缆或维修塞把手已正确安装	低于 1V
A59-36(ILKO)-A59-28(GND1)	LG-W-B	互锁开关信号	电源开关 ON（IG），逆变器盖、高压输入电缆或维修塞把手未安装	11~14V
A59-9(+B2)-A59-28(GND1)	G-W-B	MG ECU 电源	电源开关 ON（IG）	11~14V
A59-10(+B)-A59-28(GND1)	G-W-B	MG ECU 电源	电源开关 ON（IG）	11~14V
A29-1(MRF)-D29-2(MRFG)	Y-L	电动机解析器信号	电动机解析器停止或运行	产生脉冲（波形7）
A29-3(MSN)-D29-4(MCSG)	G-W	电动机解析器信号	电动机解析器停止或运行	产生脉冲（波形7）
A29-6(MCS)-D29-5(MCSG)	R-BR	电动机解析器信号	电动机解析器停止或运行	产生脉冲（波形7）
A29-7(GSN)-D29-8(GSNG)	G-W	电动机解析器信号	电动机解析器停止或运行	产生脉冲（波形8）
A29-10(GCS)-D29-9(GCSG)	R-B	电动机解析器信号	电动机解析器停止或运行	产生脉冲（波形8）
A29-11(GRF)-D29-12(GRFG)	Y-L	电动机解析器信号	电动机解析器停止或运行	产生脉冲（波形8）

（2）高压驱动控制电路图

高压驱动控制系统如图 3-2-36 所示。全车电路图可在配套 PPT 课件中查看。

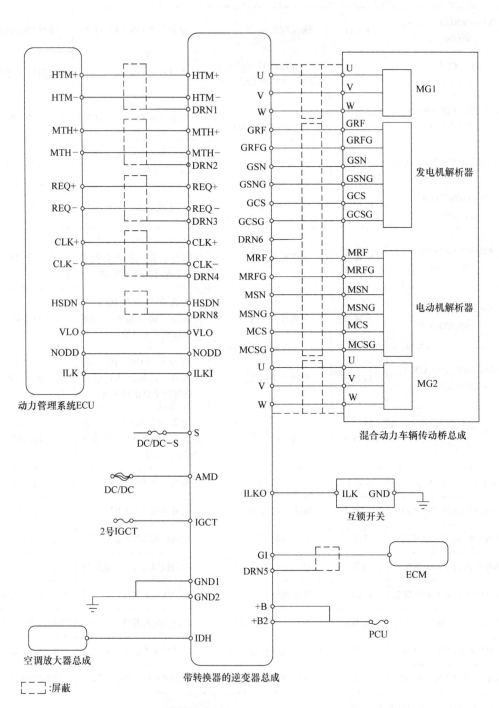

图 3-2-36　高压驱动控制电路图

项目3 新能源汽车的故障诊断

2.2.2 故障排查
（1）故障排查流程

| 1 | 车辆送入维修车间 |

下一步

| 2 | 客户故障分析 |

下一步

| 3 | 将智能检测仪连接到DLC3 |

提示：
如果检测仪上的显示屏指示有通信故障，则检查DLC3。

下一步

| 4 | 检查DTC并保存定格数据 |

提示：
- 确保保存定格数据，因为必须用这些数据进行模拟测试。
- 混合动力车辆控制系统有许多DTC，其中一些可能由于单个故障而存储。因此，一些诊断程序中提供了说明以检查其他DTC和与其相对应的INF代码。通过综合分析DTC和INF代码并依据诊断流程，可尽早缩小故障范围并避免不必要的诊断。

下一步

| 5 | 清除DTC和定格数据 |

下一步

| 6 | 进行目视检查 |

下一步

| 7 | 确认故障现象 |

提示：
如果发动机无法起动，则首先执行步骤9和I11。

结果

结果	转至
未出现故障	A
出现故障	B

A   B → 转至步骤10

| 8 | 再现产生现象的条件 |

下一步

| 9 | 检查DTC |

结果

结果	转至
输出DTC	A
未输出DTC	B

131

A

| | B | 转至步骤11 |

| 10 | 请参见DTC表 |

下一步

| 转至步骤13 |

| 11 | 进行基本检查 |

结果

结果	转至
未确认故障零件	A
已确认故障零件	B

A

| | B | 转至步骤15 |

| 12 | 检查ECU电源电路 |

下一步

| 13 | 进行电路检查 |

结果

结果	转至
未确认故障	A
已确认故障	B

| | B | 转至步骤16 |

A

| 14 | 检查是否存在间歇性故障 |

下一步

| 转至步骤16 |

| 15 | 进行零件检查 |

下一步

| 16 | 识别故障 |

下一步

| 17 | 调节和/或维修 |

```
┌──────┐
│下一步│
└──┬───┘
   ▼
┌─────────────────────────────────────────┐
│ 18 │ 进行确认测试                        │
└─────────────────────────────────────────┘
┌──────┐
│下一步│
└──┬───┘
   ▼
┌─────────────────────────────────────────┐
│ 结束                                     │
└─────────────────────────────────────────┘
```

检查混合动力控制系统的注意事项如下：

1）检查高压系统或断开带转换器的逆变器总成低压连接器前，务必采取安全措施，如佩戴绝缘手套并拆下维修塞把手以防电击（接触任何高压连接器或端子前，等待至少10min）。拆下维修塞把手后放到自己口袋中，防止其他技师意外将其重新连接。

① 将电源开关置于OFF位后，从低压蓄电池负极（−）端子上断开电缆前需等待一定时间。

② 拆下维修塞把手后，将电源开关置于ON（READY）位可能会导致故障。除非修理手册规定，否则不要将电源开关置于ON（READY）位。

2）检查带转换器的逆变器总成内检查点的端子电压（拆下维修塞经10min后为0V），务必佩戴绝缘手套。

3）检查期间将电源开关置于ON（IG）位时，不得在踩下制动踏板的情况下按下电源开关。在踩下制动踏板的情况下按下电源开关会导致系统进入READY（ON）状态。这非常危险，可能对检查区域施加高电压。

4）接触高压系统的任何橙色线束，执行任何电阻检查，断开或重新连接任何连接器前，将电源开关置于OFF位，如有必要则应佩戴绝缘手套，并从低压蓄电池负极（−）端子上断开电缆。

5）进行涉及高压线束的作业时，使用缠有乙烯绝缘带的工具或绝缘工具。

6）拆下高压连接器后，用绝缘胶带缠绕连接器，防止其接触异物。

（2）故障码的含义（表3-2-9）

表3-2-9　故障码的含义

DCT	检测项目	主警告灯	MIL
P0069-273	歧管绝对压力-大气压力相关性	点亮	—
P0340-886	凸轮轴位置传感器"A"电路	点亮	—
P0516-747	凸轮轴位置传感器"A"电路高输入	点亮	—
P0516-769	蓄电池温度传感器电路低电位	—	—
P0517-770	蓄电池温度传感器电路高电位	—	—
P060B-134	内部控制模块A/D处理性能	点亮	点亮
P060B-135	内部控制模块A/D处理性能	点亮	点亮
P060B-570	内部控制模块A/D处理性能	点亮	点亮
P062F-143	内部控制模块EEPROM故障	点亮	点亮
P06A4-209	传感器参考电压"D"电路低电位	点亮	—
P06A5-210	传感器参考电压"D"电路高电位	点亮	—

（续）

DCT	检测项目	主警告灯	MIL
P082B-575	变速杆 X 位置电路低电位	点亮	—
P082C-576	变速杆 X 位置电路高电位	点亮	—
P082E-571	变速杆 Y 位置电路低电位	点亮	—
P082F-572	变速杆 Y 位置电路高电位	点亮	—
P0851-579	驻车档/空档开关输入电路低电位	点亮	—
P0852-580	驻车档/空档开关输入电路高电位	点亮	—
P085D-582	换档控制模块"A"性能	点亮	—
P0861-599	换档控制模块"A"性能	点亮	—
P0861-597	换档控制模块"A"通信电路低电位	点亮	—
P0862-598	换档控制模块"A"通信电路高电位	点亮	—
P0A01-726	电动机电子器件冷却液温度传感器电路范围/性能	点亮	—
P0A02-791	电动机电子器件冷却液温度传感器电路低电位	点亮	—
P0A03-720	电动机电子器件冷却液温度传感器电路高电位	点亮	—
P0A04-725	电动机电子器件冷却液温度传感器电路间歇	点亮	—
P0A08-264	DC/DC 变换器状态电路	点亮	—
P0A09-265	DC/DC 变换器状态电路低输入	点亮	—
P0A09-591	DC/DC 变换器状态电路低输入	点亮	—
P0A0D-350	高压系统互锁电路高电位	点亮	—
P0A0D-351	高压系统互锁电路高电位	点亮	—
P0A0F-204	发动机无法起动	点亮	—
P0A0F-205	发动机无法起动	点亮	—
P0A0F-206	发动机无法起动	点亮	—
P0A0F-238	发动机无法起动	点亮	—
P0A0F-524	发动机无法起动	点亮	—
P0A0F-525	发动机无法起动	点亮	—
P0A10-263	DC/DC 变换器状态电路高输入	点亮	—
P0A10-592	DC/DC 变换器状态电路高输入	点亮	—
P0A1A-151	发动机控制模块	点亮	点亮
P0A1A-155	发动机控制模块	点亮	点亮
P0A1A-156	发动机控制模块	点亮	点亮
P0A1A-166	发动机控制模块	点亮	点亮
P0A1A-200	发动机控制模块	点亮	点亮
P0A1A-658	发动机控制模块	点亮	点亮
P0A1A-659	发动机控制模块	点亮	点亮
P0A1A-791	发动机控制模块	点亮	点亮

(续)

DCT	检测项目	主警告灯	MIL
P0A1A-792	发动机控制模块	点亮	点亮
P0A1A-793	发动机控制模块	点亮	点亮
P0A1B-163	驱动电机"A"控制模块	点亮	点亮
P0A1B-164	驱动电机"A"控制模块	点亮	点亮
P0A1B-168	驱动电机"A"控制模块	点亮	点亮
P0A1B-192	驱动电机"A"控制模块	点亮	点亮
P0A1B-193	驱动电机"A"控制模块	点亮	点亮
P0A1B-198	驱动电机"A"控制模块	点亮	点亮
P0A1B-511	驱动电机"A"控制模块	点亮	点亮
P0A1B-512	驱动电机"A"控制模块	点亮	点亮
P0A1B-661	驱动电机"A"控制模块	点亮	点亮
P0A1B-786	驱动电机"A"控制模块	点亮	点亮
P0A1B-794	驱动电机"A"控制模块	点亮	点亮
P0A1B-795	驱动电机"A"控制模块	点亮	点亮
P0A1B-796	驱动电机"A"控制模块	点亮	点亮
P0A1D-144	混合动力传动系统控制模块	点亮	点亮
P0A1D-148	混合动力传动系统控制模块	点亮	点亮
P0A1D-162	混合动力传动系统控制模块	点亮	点亮
P0A1D-187	混合动力传动系统控制模块	点亮	点亮
P0A1D-721	混合动力传动系统控制模块	点亮	点亮
P0A1D-722	混合动力传动系统控制模块	点亮	点亮
P0A1D-723	混合动力传动系统控制模块	点亮	点亮
P0A1D-787	混合动力传动系统控制模块	点亮	点亮
P0A1D-818	混合动力传动系统控制模块	点亮	点亮
P0A1D-821	混合动力传动系统控制模块	点亮	点亮
P0A1D-822	混合动力传动系统控制模块	点亮	点亮
P0A1D-823	混合动力传动系统控制模块	点亮	点亮
P0A2B-250	驱动电动机"A"温度传感器电路范围/性能	点亮	—
P0A2C-247	驱动电动机"A"温度传感器电路低电位	点亮	—
P0A2D-249	驱动电动机"A"温度传感器电路高电位	点亮	—
P0A2E-248	驱动电动机"A"温度传感器电路间歇	点亮	—
P0A37-260	发电机温度传感器电路范围/性能	点亮	—
P0A38-257	发电机温度传感器电路低电位	点亮	—
P0A39-259	发电机温度传感器电路高电位	点亮	—

（续）

DCT	检测项目	主警告灯	MIL
P0A3A-258	发电机温度传感器电路间歇	点亮	—
P0A3F-243	驱动电动机"A"位置传感器电路	点亮	点亮
P0A40-500	驱动电动机"A"位置传感器电路范围/性能	点亮	点亮
P0A41-245	驱动电动机"A"位置传感器电路低电位	点亮	点亮
P0A4B-253	发电机位置传感器电路	点亮	点亮
P0A4C-513	发电机位置传感器电路范围/性能	点亮	点亮
P0A4D-255	发电机位置传感器电路低电位	点亮	点亮
P0A51-174	驱动电动机"A"电流传感器电路	点亮	—
P0A60-288	驱动电动机"A"V相电流	点亮	点亮
P0A60-290	驱动电动机"A"V相电流	点亮	点亮
P0A60-294	驱动电动机"A"V相电流	点亮	点亮
P0A60-501	驱动电动机"A"V相电流	点亮	点亮
P0A63-296	驱动电动机"A"W相电流	点亮	点亮
P0A63-298	驱动电动机"A"W相电流	点亮	点亮
P0A63-302	驱动电动机"A"W相电流	点亮	点亮
P0A63-502	驱动电动机"A"W相电流	点亮	点亮
P0A72-326	发电机V相电流	点亮	点亮
P0A72-328	发电机V相电流	点亮	点亮
P0A72-333	发电机V相电流	点亮	点亮
P0A72-515	发电机V相电流	点亮	点亮
P0A75-334	发电机W相电流	点亮	点亮
P0A75-336	发电机W相电流	点亮	点亮
P0A75-341	发电机W相电流	点亮	点亮
P0A75-516	发电机W相电流	点亮	点亮
P0A78-113	驱动电动机"A"逆变器性能	点亮	点亮
P0A78-121	驱动电动机"A"逆变器性能	点亮	点亮
P0A78-128	驱动电动机"A"逆变器性能	点亮	点亮
P0A78-202	驱动电动机"A"逆变器性能	点亮	点亮
P0A78-266	驱动电动机"A"逆变器性能	点亮	点亮
P0A78-267	驱动电动机"A"逆变器性能	点亮	点亮
P0A78-279	驱动电动机"A"逆变器性能	点亮	点亮
P0A78-282	驱动电动机"A"逆变器性能	点亮	点亮
P0A78-284	驱动电动机"A"逆变器性能	点亮	点亮
P0A78-286	驱动电动机"A"逆变器性能	点亮	点亮
P0A78-287	驱动电动机"A"逆变器性能	点亮	点亮

(续)

DCT	检测项目	主警告灯	MIL
P0A78-306	驱动电动机"A"逆变器性能	点亮	点亮
P0A78-503	驱动电动机"A"逆变器性能	点亮	点亮
P0A78-504	驱动电动机"A"逆变器性能	点亮	点亮
P0A78-505	驱动电动机"A"逆变器性能	点亮	点亮
P0A78-506	驱动电动机"A"逆变器性能	点亮	点亮
P0A78-510	驱动电动机"A"逆变器性能	持续点亮直至清除DTC	点亮
P0A78-565	驱动电动机"A"逆变器性能	点亮	点亮
P0A78-586	驱动电动机"A"逆变器性能	点亮	点亮
P0A78-806	驱动电动机"A"逆变器性能	点亮	点亮
P0A78-807	驱动电动机"A"逆变器性能	点亮	点亮
P0A78-808	驱动电动机"A"逆变器性能	点亮	点亮
P0A7A-122	发动机逆变器性能	点亮	点亮
P0A7A-130	发动机逆变器性能	点亮	点亮
P0A7A-203	发动机逆变器性能	点亮	点亮
P0A7A-322	发动机逆变器性能	点亮	点亮
P0A7A-324	发动机逆变器性能	点亮	点亮
P0A7A-325	发动机逆变器性能	点亮	点亮
P0A7A-344	发动机逆变器性能	点亮	点亮
P0A7A-517	发动机逆变器性能	点亮	点亮
P0A7A-518	发动机逆变器性能	点亮	点亮
P0A7A-522	发动机逆变器性能	持续点亮直至清除DTC	点亮
P0A7A-809	发动机逆变器性能	点亮	点亮
P0A7A-810	发动机逆变器性能	点亮	点亮
P0A7A-811	发动机逆变器性能	点亮	点亮
P0A7A-251	驱动电动机"A"逆变器性能	点亮	点亮
P0A90-509	驱动电动机"A"性能	点亮	点亮
P0A92-261	混合动力发电机性能	点亮	点亮
P0A92-521	混合动力发电机性能	点亮	点亮
P0A93-346	逆变器冷却系统性能	点亮	点亮
P0A94-127	DC/DC变换器性能	点亮	点亮
P0A94-172	DC/DC变换器性能	点亮	点亮
P0A94-442	DC/DC变换器性能	点亮	点亮
P0A94-547	DC/DC变换器性能	点亮	点亮

（续）

DCT	检测项目	主警告灯	MIL
P0A94-548	DC/DC 变换器性能	点亮	点亮
P0A94-549	DC/DC 变换器性能	点亮	点亮
P0A94-550	DC/DC 变换器性能	点亮	点亮
P0A94-553	DC/DC 变换器性能	点亮	点亮
P0A94-554	DC/DC 变换器性能	点亮	点亮
P0A94-555	DC/DC 变换器性能	点亮	点亮
P0A94-556	DC/DC 变换器性能	点亮	点亮
P0A94-557	DC/DC 变换器性能	点亮	点亮
P0A94-564	DC/DC 变换器性能	点亮	点亮
P0A94-585	DC/DC 变换器性能	点亮	点亮
P0A94-587	DC/DC 变换器性能	点亮	点亮
P0A94-589	DC/DC 变换器性能	点亮	点亮
P0A94-590	DC/DC 变换器性能	点亮	点亮
P0AA1-231	混合动力蓄电池正极触点电路卡在关闭位置	持续点亮直至清除 DTC	—
P0AA1-233	混合动力蓄电池正极触点电路卡在关闭位置	持续点亮直至清除 DTC	—
P0AA4-232	混合动力蓄电池负极触点电路卡在关闭位置	持续点亮直至清除 DTC	—
P0AA6-526	混合动力蓄电池电压系统绝缘故障	持续点亮直至清除 DTC	—
P0AA6-611	混合动力蓄电池电压系统绝缘故障	持续点亮直至清除 DTC	—
P0AA6-612	混合动力蓄电池电压系统绝缘故障	持续点亮直至清除 DTC	—
P0AA6-613	混合动力蓄电池电压系统绝缘故障	持续点亮直至清除 DTC	—
P0AA6-614	混合动力蓄电池电压系统绝缘故障	持续点亮直至清除 DTC	—
P0AA7-727	混合动力蓄电池电压绝缘传感器电路	持续点亮直至清除 DTC	—
P0AC0-817	混合动力蓄电池组电流绝缘传感器电路范围/性能	点亮	—
P0ADB-227	混合动力蓄电池正极触点控制电路低电位	点亮	点亮
P0ADC-226	混合动力蓄电池正极触点控制电路高电位	点亮	—
P0ADF-229	混合动力蓄电池负极触点控制电路低电位	点亮	—
P0AE0-228	混合动力蓄电池负极触点控制电路高电位	点亮	—
P0AE2-773	混合动力蓄电池预充电触点电路卡在关闭位置	点亮	—

（续）

DCT	检测项目	主警告灯	MIL
P0AE6-225	混合动力蓄电池预充电触点电路低电位	点亮	—
P0AE7-224	混合动力蓄电池预充电触点电路高电位	点亮	—
P0AEE-277	电动机逆变器温度传感器"A"电路范围/性能	点亮	—
P0AEF-275	驱动电动机逆变器温度传感器"A"电路低电位	点亮	—
P0AF0-274	驱动电动机逆变器温度传感器"A"电路高电位	点亮	—
P0AF1-276	驱动电动机逆变器温度传感器"A"电路间歇/不稳定	点亮	—
P0AFC-129	混合动力蓄电池组传感器模块	点亮	点亮
P0AFC-150	混合动力蓄电池组传感器模块	点亮	点亮
P0BCD-315	发电机逆变器温度传感器电路范围/性能	点亮	—
P0BCE-313	发电机逆变器温度传感器电路低电位	点亮	—
P0BCF-312	发电机逆变器温度传感器电路高电位	点亮	—
P0BD0-314	发电机逆变器温度传感器电路间歇/不稳定	点亮	—
P0C30-390	混合动力蓄电池组高电荷状态	点亮	—
P0C39-626	DC/DC变换器温度传感器"A"范围/性能	点亮	—
P0C3A-621	DC/DC变换器温度传感器"A"低电位	点亮	—
P0C3B-622	DC/DC变换器温度传感器"A"高电位	点亮	—
P0C3C-625	DC/DC变换器温度传感器"A"间歇/不稳定	点亮	—
P0C3E-628	DC/DC变换器温度传感器"B"范围/性能	点亮	—
P0C3F-623	DC/DC变换器温度传感器"B"低电位	点亮	—
P0C40-624	DC/DC变换器温度传感器"B"高电位	点亮	—
P0C41-627	DC/DC变换器温度传感器"B"间歇/不稳定	点亮	—
P0C73-776	电动机电子器件冷却液泵"A"控制性能	点亮	点亮
P0C76-523	混合动力蓄电池系统放电时间过长	点亮	—
P1606-308	已检测到碰撞或碰撞传感器连接情况（断路）	点亮	—
P1606-317	已检测到碰撞或碰撞传感器连接情况（断路）	点亮	—
P181A-596	变速杆X位电路"A"/"B"相关性	点亮	—
P181B-595	变速杆Y位电路"A"/"B"相关性	点亮	—
P182B-577	变速杆X位"B"电路低电位	点亮	—
P182C-578	变速杆X位"B"电路高电位	点亮	—
P182E-573	变速杆Y位"B"电路低电位	点亮	—
P182F-574	变速杆Y位"B"电路高电位	点亮	—
P2120-152	节气门/踏板位置传感器/开关"D"电路	点亮	—
P2121-106	节气门/踏板位置传感器/开关"D"电路范围/性能	点亮	—
P2122-104	节气门/踏板位置传感器/开关"D"电路低输入	点亮	—

（续）

DCT	检测项目	主警告灯	MIL
P2123-105	节气门/踏板位置传感器/开关"D"电路高输入	点亮	—
P2125-153	节气门/踏板位置传感器/开关"E"电路	点亮	—
P2126-109	节气门/踏板位置传感器/开关"E"电路范围/性能	点亮	—
P2127-107	节气门/踏板位置传感器/开关"E"电路低输入	点亮	—
P2128-108	节气门/踏板位置传感器/开关"E"电路高输入	点亮	—
P2138-110	节气门/踏板位置传感器/开关"D"/"E"电压相关性	点亮	—
P2138-154	节气门/踏板位置传感器/开关"D"/"E"电压相关性	点亮	—
P2228-268	大气压力传感器"A"电路低电位	点亮	—
P2229-269	大气压力传感器"A"电路高电位	点亮	—
P2511-149	HV电源继电器传感器电路间歇不导通	点亮	—
P2532-772	点火开关运转位置电路高电位	—	—
P3000-388	蓄电池控制系统	点亮	—
P3000-389	蓄电池控制系统	点亮	—
P3000-603	蓄电池控制系统	点亮	—
P3004-131	高压电源	点亮	—
P3004-132	高压电源	点亮	—
P3004-133	高压电源	点亮	—
P3004-800	高压电源	点亮	—
P3004-801	高压电源	点亮	—
P3004-803	高压电源	点亮	—
P3107-213	与安全气囊系统控制模块失去通信	点亮	—
P3107-214	与安全气囊系统控制模块失去通信	点亮	—
P3107-215	与安全气囊系统控制模块失去通信	点亮	—
P3108-536	与空调系统控制模块失去通信	—	—
P3110-223	HV主继电器	点亮	—
P3147-239	变速器系统	点亮	—
P3147-240	变速器系统	点亮	—
P3147-241	变速器系统	点亮	—
P3147-242	变速器系统	点亮	—
P314A-828	逆变器冷却液泵送速度信号	点亮	—
P3232-749	HV门连接闭锁对搭铁短路	点亮	—
P3232-750	HV门连接闭锁断路或对B+短路	点亮	—
P324E-788	MG-ECU电源继电器间歇性电路	点亮	—
U0100-211	与ECM/PCM"A"失去通信	点亮	—

（续）

DCT	检测项目	主警告灯	MIL
U0100-212	与ECM/PCM "A" 失去通信	点亮	—
U0100-530	与ECM/PCM "A" 失去通信	点亮	—
U0100-159	与驱动电动机控制模块 "A" 失去通信	点亮	—
U0100-160	与驱动电动机控制模块 "A" 失去通信	点亮	—
U0100-656	与驱动电动机控制模块 "A" 失去通信	点亮	—
U0100-657	与驱动电动机控制模块 "A" 失去通信	点亮	—
U0129-220	与制动系统控制模块失去通信	点亮	—
U0129-222	与制动系统控制模块失去通信	点亮	—
U0129-527	与制动系统控制模块失去通信	点亮	—
U0129-528	与制动系统控制模块失去通信	点亮	—
U0140-146	从车身ECU到HV ECU通信故障	点亮	—
U0151-763	从安全气囊ECU到HV ECU通信故障	点亮	—
U0164-594	从空调ECU到HV ECU通信故障	点亮	—
U0164-827	从空调ECU到HV ECU通信故障	点亮	—
U0424-537	从HV AC控制模块接收的无效数据	点亮	—
U1107-436	与动力管理模块失去通信	点亮	—

（3）故障案例分析

1）故障现象：一辆丰田普锐斯发动机无法起动。发动机故障警告灯、VSC警告灯、三角形警告灯同时点亮。由于HV电池的电力无法维持车辆长时间行驶，车辆被拖回修理厂。

2）故障诊断：首先进行故障确认，踩下制动踏板，按下起动按钮，仪表上"READY"指示灯点亮，挂P档踩下加速踏板，发动机不能起动。试图使发动机进入维修模式，经过多次尝试都不能成功。多功能显示屏上的能量显示器显示HV电池电量已经耗至下限，紫色的HV电池耗净指示灯在闪烁。说明发动机确实无法起动，不存在人为操作的问题。

3）故障分析与排查：混合动力汽车发动机不能起动有多方面的原因。

① 燃油耗尽。如果燃油耗尽，则发动机多次起动不能成功时便不再起动，且会记录故障码P0A7A，但加注燃油，关闭点火开关后系统会恢复正常。现有故障现象显然与此不符。

② 起动机（MG1）故障。该起动机属于650V交流同步电动机，兼作发电机，可以使用诊断仪的主动测试功能使其强制运转。

③ 起动机线路故障。该故障发生的概率极小，因为变频器就安装在发动机附近，线路很短，且有多重保护，不易受损。外观检查也没有发现明显破损痕迹。

④ 发动机故障。保养不当可能导致曲轴或凸轮轴抱死，活塞或连杆损坏使发动机运行不平稳等。用扳手转动曲轴，没有卡滞现象，可以排除发动机本身故障。

⑤ 变频器故障。HV电池的200V直流电经过变频器升压处理后变为650V交流电供起动机使用，该设备的检查需要专用仪器和设备。

⑥ HV电池故障。HV电池发生故障（如某一单体电池失效）会导致变频器失去200V电源，起动机无法正常工作。

⑦ 发动机控制系统故障。经过检查，发动机电气部分并没有储存任何故障码，基本排除发动机控制系统存在故障的可能。此外，即使发动机控制系统出现故障也不会导致起动机不工作。

⑧ 通信线路故障。CAN-BUS 线路发生故障会导致通信失效，车辆无法起动，此故障可以借助专用仪器检查。

⑨ 设定在 EV 模式或其他原因。

遵循先易后难的原则，按照故障排查流程首先进行电路检查：

使用故障诊断仪连接到 DLC3，显示 P0A7A-324 故障码：如果发电机变频器出现故障、内部短路或过热，则发电机变频器将故障信号通过信号线路传送到 HV ECU，并记录故障码 P0A7A。故障可能发生部位为：逆变器冷却系统、冷却风扇系统、带转换器的逆变器总成、混合动力车辆传动桥总成、发电机高压电缆、电动机高压电缆、逆变器水泵总成、线束或连接器、PCU 熔丝。

检查 HV 冷却液量正常、冷却液软管无泄漏，使用诊断仪进行主动测试，"控制电动冷却风扇"正常，检查 HV 冷却液没有冻结，排除逆变器冷却系统、水泵总成和冷却风扇存在故障的可能。

务必佩戴绝缘手套，断开维修塞把手 10min 后，再断开低压蓄电池负极。检查混合动力传动桥总成（2 个触角传感器）连接器和带转换器的逆变器总成低压连接器（其连接关系见图 3-2-37），均接触良好，未见有腐蚀及松动现象。

从带转换器的逆变器总成上断开触角传感器连接器 D29，重新接好低压蓄电池负极，将电源开关置于 ON（IG）位，根据电路图检查发电机触角传感器各信号线路到车身搭铁的电压：0.8V，正常（正常值低于 1V）。

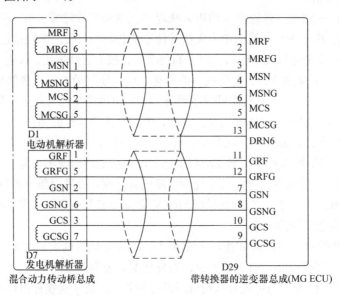

图 3-2-37　传动桥总成和逆变器总成连接器的连接关系

将电源开关置于 OFF 位，断开低压蓄电池负极，测量发电机触角传感器信号线之间的电阻（GRF-GRFG：8.2Ω，GSN-GSNG：16.8Ω，GCS-GCSG：18.6Ω），发电机触角传感器信号线与车身搭铁，且两两之间的电阻均无穷大，正常值见表 3-2-10。由此可以判断发电机触角传感器至带转换器的逆变器总成之间线束及连接器正常。以相同的方法测量带转换器的逆变器总成与电动机解析器之间的线束，正常。

表 3-2-10 标准电阻

	检测仪连接	开关状态	规定状态
断路	D29-11（GRF）-D29-12（GRFG）	电源开关 OFF	7.1~21.6Ω
	D29-7（GSN）-D29-8（GRFG）	电源开关 OFF	13.7~34.5Ω
	D29-10（GCS）-D29-9（GRFG）	电源开关 OFF	12.8~32.4Ω
短路	D29-11（GRE）-D29-12（GRFG）-车身搭铁和其他端子	电源开关 OFF	10kΩ 或更大
	D29-7（GRE）-D29-8（GRFG）-车身搭铁和其他端子	电源开关 OFF	10kΩ 或更大
	D29-10（GRE）-D29-9（GRFG）-车身搭铁和其他端子	电源开关 OFF	10kΩ 或更大

从带转换器的逆变器总成上拆下逆变器盖，从带转换器的逆变器总成上断开发电机和电动机高压电缆。使用毫欧表测量 U、V、W 相之间的电阻，无断路。使用兆欧表测量 U、V、W 相与车身搭铁和屏蔽层之间的绝缘电阻，无短路。混合动力传动桥总成（MG1、MG2）正常。

断开带转换器的逆变器总成低压连接器 A59（图 3-2-38），检查电源电压 12.5V，正常。

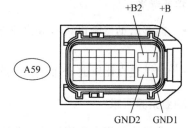

图 3-2-38　逆变器总成低压连接器 A59

4）故障排除：根据上述检查结果可以判断出故障在带转换器的逆变器总成内。带转换器的逆变器总成的技术含量较高，且不可分解，因此只能采用部件互换法测试。与可正常行驶的同型车对换带转换器的逆变器总成试验，该故障车可正常起动，而另外一台车出现相同故障，进一步证明故障出现在带转换器的逆变器总成内部。为进一步确认该故障已排除，经过多次上路试车，无法起动现象未再出现，说明该故障已彻底排除。

五、学习检查

任务	请通过案例分析并结合比亚迪 e5 教学版整车和普锐斯整车进行高压驱动系统故障处理
笔记	

任务 3 新能源汽车整车故障排查

一、任务引入

新能源汽车整车涉及范围较广，包含了车身电气、底盘等系统。如低压电池管理系统、空调与暖风系统、电子助力转向系统、换档控制系统等，它们会出现哪些故障？出现故障后如何进行排查？通过本任务的学习，应能正确地运用诊断设备对比亚迪 e5 低压电池管理系统、丰田普锐斯换档控制系统进行故障排查，建立有效、合理、安全的诊断思路，并规范地实施车辆故障检测作业。

二、任务要求

知识要求：

- 掌握比亚迪 e5 低压电池管理系统、丰田普锐斯换档控制系统的结构、位置和功能。
- 掌握比亚迪 e5 低压电池管理系统、丰田普锐斯换档控制系统的控制逻辑及诊断方法。

技能要求：

- 能够借助诊断设备完成比亚迪 e5 低压电池管理系统、丰田普锐斯换档控制系统的故障排查。
- 能够建立比亚迪 e5 低压电池管理系统、丰田普锐斯换档控制系统故障诊断思路。

职业素养要求：

- 严格执行汽车检修规范，养成严谨科学的工作态度。
- 尊重他人劳动，不窃取他人成果。
- 养成总结训练结果的习惯，为下次训练积累经验。
- 养成团结协作精神。
- 严格执行 5S 现场管理。

三、相关知识

1. 比亚迪 e5 低压电池管理系统

1.1 低压电池安装位置

比亚迪 e5 低压电池采用比亚迪自制的铁电池，并且内部集成有电池管理器（也称 LBMS），通过通信口和整车模块交互信息，安装在机舱左侧，如图 3-3-1 所示。

1.2 低压铁电池的功能及数据流

1.2.1 低压配电

低压铁电池与 DC/DC 低压输出端并联，通过正极熔丝盒为整车低压电器提供 13.8V 电源。DC/DC 集成在高压电控总成内部，车辆在起动后或充电时，为低压铁电池补充电量，相当于传统燃油车上的发电机。

项目 3　新能源汽车的故障诊断

图 3-3-1　比亚迪 e5 低压电池安装位置

正极熔丝盒外挂在低压铁电池侧面，DC/DC 低压输出正极与低压铁电池正极在正极熔丝盒里通过螺栓连接，熔丝盒内还有 3 个熔丝，分别是 100A（至前舱配电盒）、125A（至前舱配电盒）、100A（至 REPS 电机），如图 3-3-2 所示。

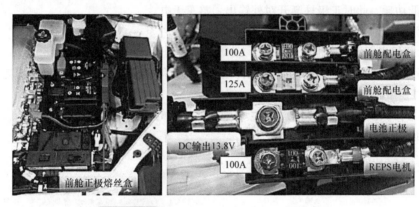

图 3-3-2　比亚迪 e5 正极熔丝盒安装位置

1.2.2　低压铁电池的控制逻辑

比亚迪 e5 低压铁电池由电芯和模块两部分组成，如图 3-3-3 所示。其中，电芯由 4 节磷酸铁锂电池单体串联而成。而模块部分则是 LBMS 系统，与动力电池管理器系统一样，具有电压、电流和温度监测功能，存在异常状态会触发故障报警功能。铁电池故障报警时，仪表上的故障指示灯点亮，同时显示"请检查低压电池系统"。

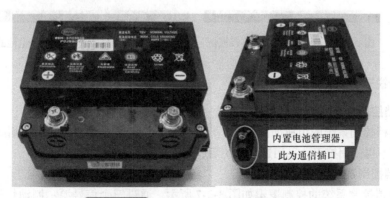

图 3-3-3　比亚迪 e5 低压铁电池的组成

低压铁电池带有 BMS 系统，当它监测到低压电池 SOC 低于 40% 时，会向高压 BMS 发送充电请求，若整车满足一定条件（前舱盖关闭、"OFF" 档、高压系统正常等），则会启动 DC/DC 给低压铁电池充电，组合仪表提示"低压电池电量低，进入智能充电模式"，此为"智能充电功能"。

若"智能充电"失效，则低压铁电池可能切断整车电源（低压电池正极柱与电芯正极之间通过继电器和 MOS 管连接，LBMS 可对该继电器和 MOS 管进行开闭控制）。若发现车辆无电，则可尝试持续按下左前门微动开关激活铁电池，并立即起动车辆至"OK"档电，给低压铁电池充电。

1.2.3 低压铁电池的数据流

比亚迪 e5 低压铁电池监控数据流如图 3-3-4 所示。

1.2.4 超低功耗设置

对于库存车辆，为保护低压铁电池电芯，避免过放，可对 LBMS 进行主动设置，使低压铁电池进入超低功耗。此时正极柱断开对外输出，整车无电。

操作方法如下：

① 用诊断仪进入低压电池管理系统（LBMS）。

② 选择低压电池管理系统的主动控制功能，再选择"启动铁电池整车超低功耗功能"（图 3-3-5），此时整车断电。

注：不可再次按压左前门微动开关，否则之前设置的"超低功耗"状态会失效，需要重新通过诊断仪设置。

图 3-3-4　比亚迪 e5 低压铁电池监控数据流

图 3-3-5　比亚迪 e5 低压铁电池的超低功耗设置

2. 丰田普锐斯换档控制系统

2.1 换档控制系统的组成

普锐斯换档控制系统的组成如图 3-3-6 所示。依靠电信号来实施换档。采用瞬时换档装置。驻车锁止机构不再使用拉索，采用这套系统后，变速杆操作变得更轻松。

2.2 换档控制系统的控制逻辑

普锐斯换档控制系统的控制逻辑如图 3-3-7 所示。通过三个信号源：制动灯开关（判断是否踩下制动踏板）、变速杆（换档锁止控制单元总成）含有一个换档传感器和一个选档传感器以检测变速杆位置（原始位置，R、N、D或B位）、驻车开关（判断是否在P档）进行档位切换判断。通过变速驱动桥中的换档控制执行器进行P位的锁止或松开。通过组合仪表和多功能显示器进行当前档位的显示或报警显示。由于换档传感器采用霍尔集成电路且选档传感器采用MR集成电路，能以可靠的方式准确检测变速杆位置。

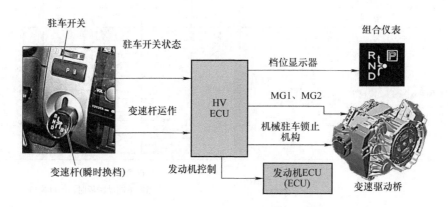

图 3-3-6　普锐斯换档控制系统的组成

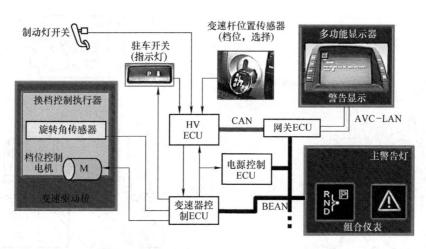

图 3-3-7　普锐斯换挡控制系统的控制逻辑

档位正常切换的条件如图 3-3-8 所示。

2.2.1　变速杆控制原理

两个传感器含有两条检测电路，一条主电路和一条副电路。非接触型换档/选档传感器利用了霍尔效应和磁铁，安装位置如图 3-3-9 所示。两条传感器电路（主和副）拥有同样的特性。根据来自换档传感器和选档传感器的组合信号，HV ECU 判断变速杆的位置。

换档传感器控制原理如图 3-3-10 所示。将电压（根据变速杆的垂直移动在 0~5V 变化）输出至 HV ECU。HV ECU 将来自换档传感器的低位电压输入视为 R 位，将中位电压视为原始位置或 N 位，并将高位电压视为 D 或 B 位。

电源模式	运作	P	R	N	D	B
OFF		不可操作				
ACC	操作变速杆	不可操作				
	按下停车开关	←――――――――○				
IG-ON	操作变速杆	○――――――――→				
	按下停车开关	←――――――○				
Ready	操作变速杆					
	按下停车开关					

○：当前档位　　←―― ：可以换档　　←--- ：当踩下制动踏板时，可以换档

图 3-3-8　普锐斯档位正常切换的条件

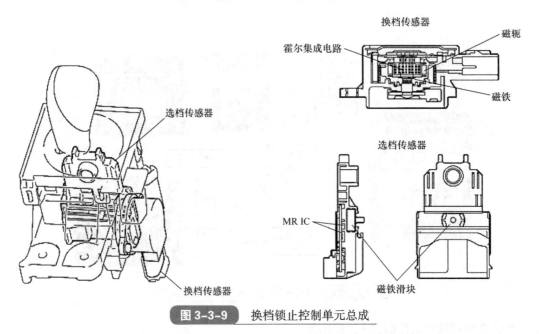

图 3-3-9　换档锁止控制单元总成

选档传感器控制原理如图 3-3-11 所示。将电压（根据变速杆的水平移动在 0~5V 变化）输出至 HV ECU。HV ECU 将来自选档传感器的低位电压输入视为原始位置或 B 位，并将高位电压视为 R、N 或 D 位。

2.2.2　驻车锁止控制原理

按下驻车开关（P 位开关）能换入 P 档，如图 3-3-12 所示。不再将驻车档作为变速杆的一个常规档位，而是在变速杆上方独立安装一个 P 位开关（变速器换档主开关）。此开关为瞬时开关，不能机械锁止。

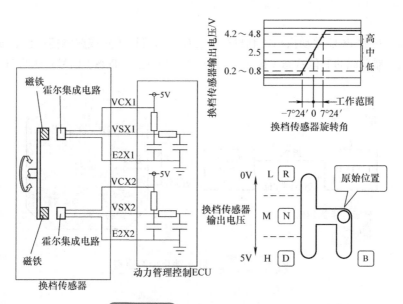

图 3-3-10　换档传感器控制原理

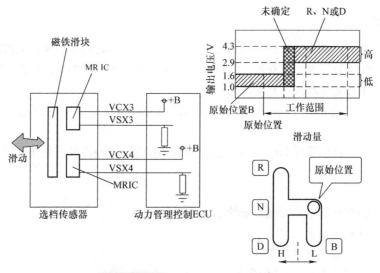

图 3-3-11　选档传感器控制原理

P 位开关（变速器换档主开关）含有电阻器 R1 和 R2。未按下 P 位开关时，开关提供 R1 和 R2 的合成电阻。按下 P 位开关时，开关仅提供 R1 的电阻。HV ECU 端子 P1 的电压随开关电阻的变化而变化，根据该电阻信号 HV ECU 判定 P 位开关的操作情况。

驻车锁止控制原理如图 3-3-13 所示。输入来自 P 位开关或变速杆的信号时，HV ECU 将 P 位控制（PCON）信号传输至变速器控制 ECU 总成。基于

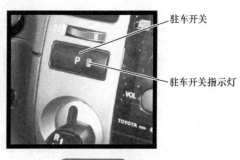

图 3-3-12　P 位开关

此信号，变速器控制 ECU 驱动换档控制执行器总成，以机械锁止或解锁传动桥总成的中间轴主动齿轮。将执行器总成的 P 位状态（接合或松开）作为 P 位（PPOS）信号发送给 HV ECU。

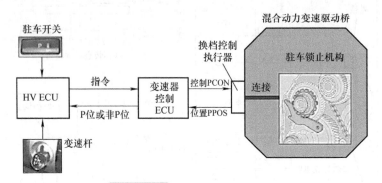

图 3-3-13　驻车锁止控制原理

四、任务实施

1. 任务准备

安全防护：做好车辆安全防护与隔离（车内外三件套、车轮挡块、警示隔离带等）。

工具设备：数字万用表、兆欧表、示波器、绝缘防护用品、绝缘工具套装、常规工具套装、道通 MS908E 汽车智能诊断仪、充电桩。

台架车辆：比亚迪 e5 分控联动系统（行云新能 INW-EV-E5-FL）、比亚迪 e5 教学版和普锐斯整车。

辅助资料：汽车维修手册和电路图、道通 MS908E 汽车智能诊断仪使用说明书、教材。

2. 实施步骤

2.1　比亚迪 e5 低压电池管理系统的故障排查

2.1.1　电路分析与测量

（1）电路插接器端子接口定义

LBMS 接插口定义如图 3-3-14 所示。

图 3-3-14　LBMS 接插口定义

1—CAN_H　3—CAN_L　6—超低功耗唤醒机械开关（通过左前门微动开关拉低，低压 BMS 控制内部继电器吸合）

将 LBMS 的 6 号针脚与低压电池负极柱短接以唤醒低压电池，如图 3-3-15 所示。

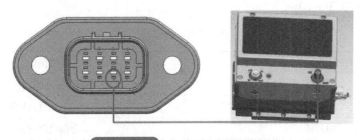

图 3-3-15　唤醒低压电池的方法

（2）低压铁电池控制电路（图 3-3-16）

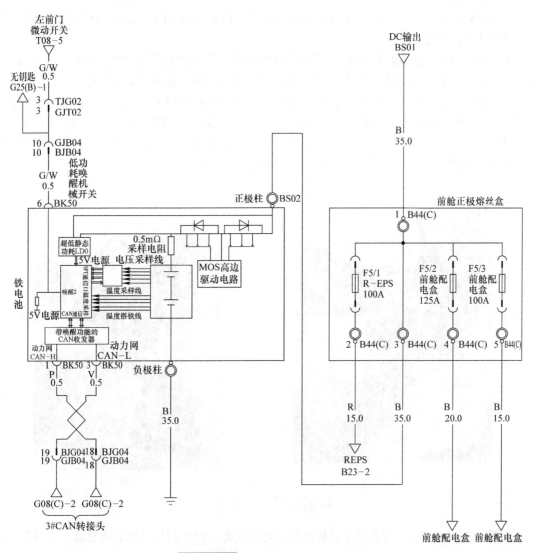

图 3-3-16　低压铁电池控制电路

2.1.2 故障排查

（1）故障码（表 3-3-1）

表 3-3-1 故障码

DTC	故障描述
B1FB2	电源电压过低故障
B1FB3	电源电压过高故障
B1FB4	电源电流过大
B1FB5	电源温度过高故障
B1FB9	MOS 失效故障

（2）故障案例分析

1）故障现象：一台比亚迪 e5 加装 GPS 系统后，停放一段时间未使用，整车无电，按左前门微动开关无法唤醒。

2）故障诊断：出现此类故障，一般是加装的新系统无法经过网关监控，导致亏电造成的。可能的故障原因有：唤醒线路故障、低压电池 CAN 线路故障、低压铁电池故障。

3）故障分析与排查：按下遥控开锁按钮及左前门微动开关均不能打开车门，使用机械钥匙打开车门，拉开前舱盖，测量低压铁电池正负极柱之间的电压约为 0V（图 3-3-17a）。

测量低压电池通信接口 6 号针脚与负极之间电压为 10.41V（图 3-3-17b），判定为低压电池进入超低功耗状态，将 6 号针脚与负极柱进行短接，也无法唤醒。

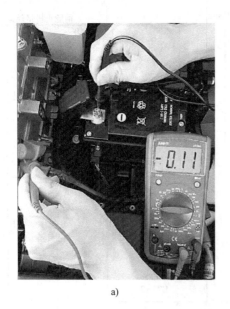
a)

b)

图 3-3-17 电压测量

并联电池起动车辆，仪表提示请检查低压电池系统，VDS 扫描不到低压电池，如图 3-3-18 所示。

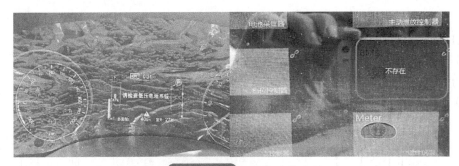

图 3-3-18　仪表显示

测量低压电池 CAN 线对搭铁电压正常（图 3-3-19）。

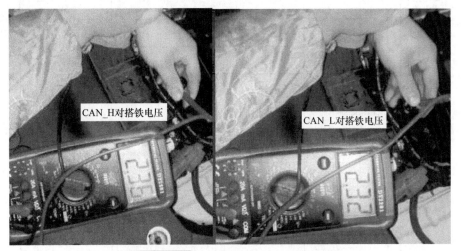

图 3-3-19　测量 CAN 线对搭铁电压

检查 DC/DC 输出电压大于 13V，且 DC/DC 数据流（图 3-3-20）正常，确认为低压铁电池内部故障。

名称	值	参考值	单位
工作状态	无效数据		
放电是否允许	允许		
DC系统故障状态	正常		
DC工作模式	降压状态		
高压侧电压	635	0...1000	伏
高压侧电流	-50	-50...50	安培
低压侧电压	13.9	0...20	伏
低压侧电流	-212	-250...250	安培
MOS管温度	44	-40...200	°C

图 3-3-20　DC/DC 数据流

4）故障排除：更换低压铁电池后试车，故障排除。

2.2 丰田普锐斯换档控制系统的故障排查

2.2.1 电路分析与测量

（1）电路插接器端子接口定义

动力管理系统 ECU 接口定义见"项目 3 任务 2"，此处不再赘述。

（2）换档控制系统的电路（图 3-3-21）

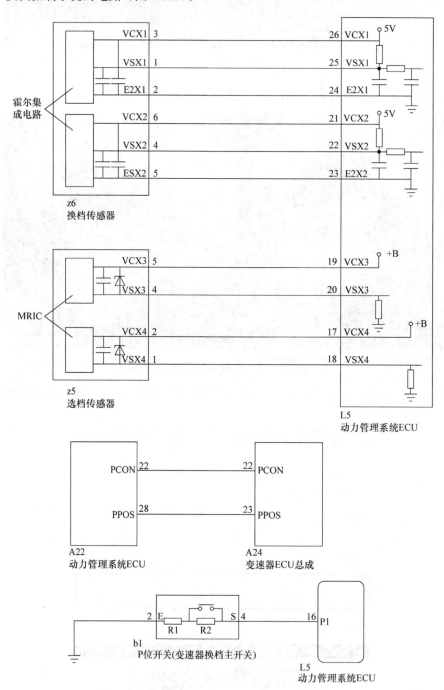

图 3-3-21　换档控制系统电路

2.2.2 故障案例分析

1）故障现象：一辆丰田普锐斯经修理后无法起步，复式显示屏上显示驻车档（P位）锁止装置情况异常（图3-3-22），且驻车档（P位）指示灯缓慢闪烁。

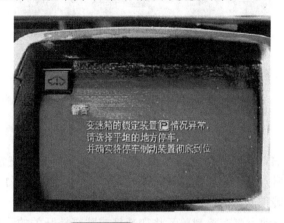

图3-3-22　P档情况异常

2）故障诊断：按下"POWER"键，车辆自检后，复式显示屏上显示P档锁止装置情况异常。踩下制动踏板，再次按下"POWER"键，复式显示屏左上角位置显示有系统故障发生，如图3-3-23所示。同时组合仪表上的"READY"指示灯不亮，即车辆无法起步。

图3-3-23　发生系统故障

3）故障分析与排查：将车辆与诊断仪连接，检查混合动力控制系统，报故障码P3102，表示变速器控制单元故障。检查变速器控制系统，报故障码C2300和C2318，分别表示换档控制执行器总成故障和变速器控制单元端子+B的低电压故障。读取故障发生时的数据流，发现IG（+B）电压为5.15V和6.64V，而正常值应为9~14V，这说明变速器控制单元端子+B的电压过低。

换档控制执行器总成受变速器控制单元直接控制，因此推断问题出在变速器控制单元上。查阅该车维修手册，找到故障码C2318的记录，未接通点火开关，变速器控制单元检测到IG（+B）电压在1s或更长时间内小于9.3V。同时，给出4个可能的故障原因：HV熔丝故障、IGCT继电器故障、线束或连接器故障或备用蓄电池故障。参照维修手册，首先对发动机舱接线盒内的HV熔丝（图3-3-24）进行检查，结果发现该熔丝没有安装到位。

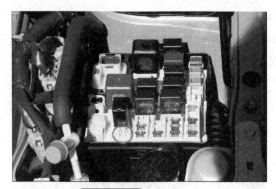

图 3-3-24　HV 熔丝

4）故障排除：将 HV 熔丝重新安装后试车，复式显示屏显示正常，并且组合仪表上的"READY"指示灯也正常点亮。查看此时的数据流，IG（+B）电压为 13.98V，恢复到正常值。清除故障码后试车，故障彻底排除。

5）故障总结：混合动力汽车控制单元将变速杆或驻车档开关的驻车档解锁信号或驻车档锁止信号发送至变速器控制单元，然后由变速器控制单元来激活换档控制执行器总成，最后换档控制执行器总成的工作状况再反馈至混合动力汽车控制单元，如图 3-3-25 所示。

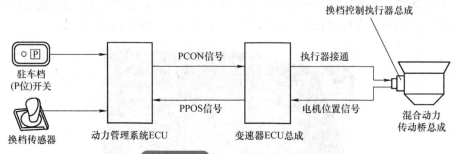

图 3-3-25　换档控制系统原理

该车故障的原因为 HV 熔丝没安装到位，导致变速器控制单元的电源电压过低。而当变速器控制单元工作不良时，混合动力汽车控制单元无法确认换档控制执行器总成的工作状况，则车辆无法进入"READY"状态，无法起步。

2.3　比亚迪秦 EV 功能受限故障排查

1）故障现象：2017 款秦 80EV 功能受限，"OK"灯亮后发动机起动（图 3-3-26），发动机转速如图 3-3-27 所示。

2）故障分析：故障原因有以下几种：

① 电池管理器故障。

② 接触器故障。

③ 高压互锁故障。

④ 预充电路故障。

3）故障分析与排查：

连接解码器扫描动力模块中的"秦三元电池 80"模块，读取当前车辆故障码为 P1A3F00（图 3-3-28），预充接触器回检故障。

项目 3　新能源汽车的故障诊断

图 3-3-26　故障现象

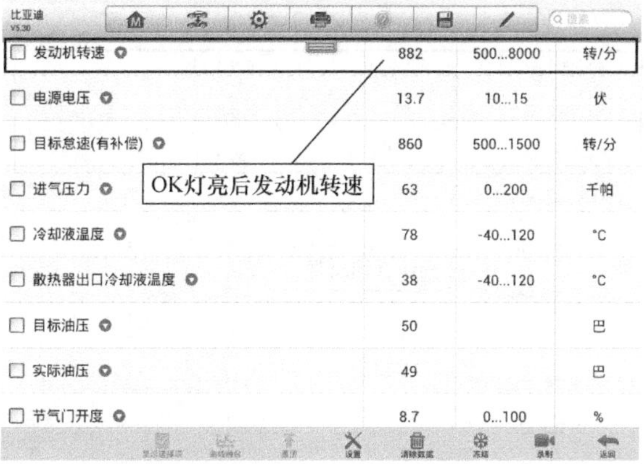

图 3-3-27　发动机转速（1）

图 3-3-28　故障码

读取"秦三元电池 80"模块中的数据流发现未预充、接触器全部断开（图 3-3-29）；因可以读取电池管理器的数据流，所以可以排除电池管理器本身的故障。

157

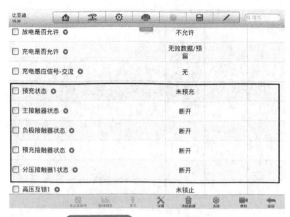

图 3-3-29　电池模块数据流

从图 3-3-30 的数据流可以排除高压互锁故障。

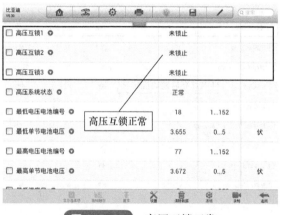

图 3-3-30　高压互锁正常

根据电池管理器电气原理图（图 3-3-31），预充接触器控制低电位有效（K64-21 与 GND 之间的电压 <1V）。

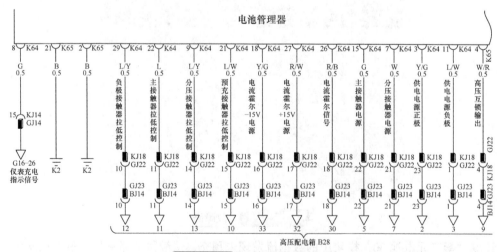

图 3-3-31　电池管理器电路

而实际测量 K64-21 与 GND 之间的电压为 13.93V（图 3-3-32），异常。

图 3-3-32　实测电压

4）故障排除：断开低压电池负极（驾驶人座椅下方），拔下 BMC01 插头，发现 K64-21 针脚脱落（图 3-3-33）。

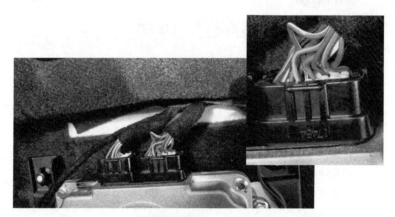

图 3-3-33　针脚脱落

连接解码器进入车载充电器读取数据流，如图 3-3-34 所示，可以排除接触器本身的故障。

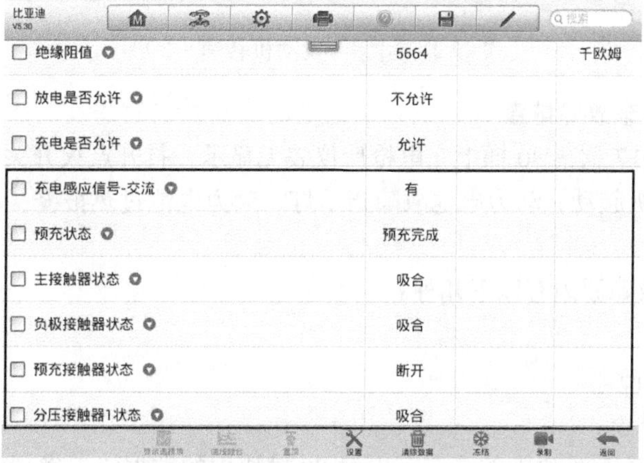

图 3-3-34　车载充电器数据流

装上低压电池负极后上电正常（图 3-3-35），发动机转速如图 3-3-36 所示，连接解码器清除历史故障码。

图 3-3-35　故障排除

图 3-3-36　发动机转速（2）

2.4　比亚迪秦整车故障排查

1）故障现象：2017 款秦 80 插上充电枪后仪表无显示，打开点火开关后出现 EV 功能受限，"OK"灯点亮后发动机起动，动力电池故障指示灯、动力电池过热报警、动力电池 SOC 不显示（图 3-3-37）。

2）故障分析：故障原因有以下几种：

① 双路电故障。

② 电池管理器故障。

3）故障分析与排查：

连接解码器读取动力模块中的秦三元电池 80 模块中的数据流，发现无法进入数据流界面，可以判断电池管理器与解码器无法通信（图 3-3-38）。

项目 3　新能源汽车的故障诊断

图 3-3-37　故障现象

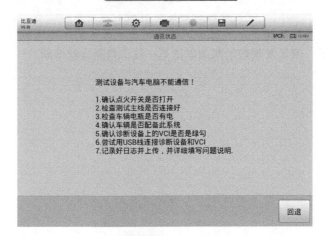

图 3-3-38　无法通信

查阅秦维修手册中的标准数据（图 3-3-39）及电气原理图，检查电池管理器供电、搭铁是否正常。

BMC01-27~GND	霍尔供电+15V	ON档/OK档/充电	9~16V
BMC01-28~GND	常电	ON档/OK档/充电	9~16V
BMC01-29~GND	负极接触器拉低控制	负极接触器吸合时	小于1V
BMC02-1~GND	常电	ON档/OK档/充电	9~16V
BMC02-2~GND	车身地	始终	小于1V

图 3-3-39　标准数据

如图 3-3-40 所示，测量 K64-28 与 GND 之间的电压为 0V，K65-1 与 GND 之间的电压为 0V，异常；K65-2 与 GND 之间的电阻值为 1.9Ω，正常。

根据电池管理器电气原理图（图 3-3-41），K64-28 和 K65-1 的电源来自仪表配电 II F4/14。用万用表测量熔丝两端的电压。

161

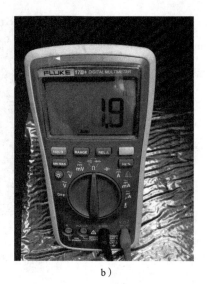

a)　　　　　　　　　　　　　b)

图 3-3-40　实际测量值

如图 3-3-42 所示，测量发现熔丝两端电压不一致，判断熔丝熔断。

图 3-3-41　电池管理器电路

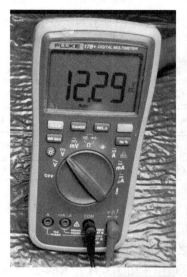

图 3-3-42　实测电压

项目 3　新能源汽车的故障诊断

4）故障排除：仪表配电 II F4-14 熔丝熔断，更换新的熔丝，故障排除（图 3-3-43），上电后清除故障码。

图 3-3-43　故障排除

五、学习检查

任务	请通过案例分析并结合比亚迪 e5 教学版整车和普锐斯整车处理比亚迪 e5 低压电池管理系统、丰田普锐斯换档控制系统故障
笔记	

163

任务 4　充电系统的故障排查

一、任务引入

充电系统是插电式混合动力汽车和纯电动汽车动力电池补充能源的重要途径,它会出现哪些故障?出现故障后如何进行排查?通过本任务的学习,能正确地运用诊断设备对比亚迪 e5 充电系统进行故障排查,建立有效、合理、安全的诊断思路,并规范地实施车辆故障检测作业。

二、任务要求

知识要求:

- 掌握比亚迪 e5 充电系统的结构、位置和功能。
- 掌握比亚迪 e5 充电系统的控制逻辑及诊断方法。

技能要求:

- 能够借助诊断设备完成比亚迪 e5 充电系统的故障排查。
- 能够建立比亚迪 e5 充电系统故障诊断思路。

职业素养要求:

- 严格执行汽车检修规范,养成严谨科学的工作态度。
- 尊重他人劳动,不窃取他人成果。
- 养成总结训练结果的习惯,为下次训练积累经验。
- 养成团结协作精神。
- 严格执行 5S 现场管理。

三、相关知识

1. 充电系统基本结构

为最大限度地兼容各类充电方式,比亚迪 e5 充电系统同时拥有交流充电和直流充电功能。

交流充电:通过交流充电桩、壁挂式充电盒以及便携式充电枪接入交流充电口,通过高压电控总成中的 VTOG 或 OBC 将交流电转为 650V 直流高压电,再经过高压电控总成中的高压配电箱给动力电池充电。

直流充电:通过直流充电柜将直流高压电接入直流充电口,通过高压电控总成的升降压模块升压后,再经过高压电控总成中的高压配电箱,或直接经过高压电控总成中的高压配电箱给动力电池充电。

比亚迪 e5 充电系统主要由直流充电口、交流充电口、动力电池管理器、高压电控总成及动力电池包组成,其系统组成如图 3-4-1 所示。

项目3 新能源汽车的故障诊断

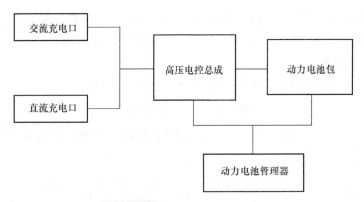

图 3-4-1　充电系统结构框图

比亚迪 e5 的充电口隐藏在散热格栅后面，如图 3-4-2 所示。

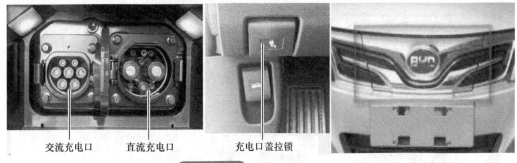

图 3-4-2　比亚迪 e5 充电口

2. 交流充电系统

2.1　交流充电口总成

功用：车载充电机（VTOG 或 OBC）通过交流充电口与交流充电枪连接后，实现与交流供电设备连通，并最终实现交流充电。

结构：除有与充电枪对接的 7 芯（L1、L2、L3、N、PE、CC、CP）外，还在交流充电口上安装有温度传感器和电锁机构，如图 3-4-3 所示。

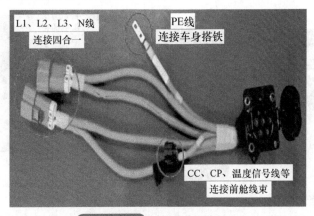

图 3-4-3　交流充电口总成

该温度传感器用来检测交流充电过程中充电口的温升情况。在监测到温度较高时，VTOG 会根据具体温度限制充电功率甚至禁止充电，防止出现充电严重发热。

2.2 交流充电设备

比亚迪交流充电盒参数见表 3-4-1，充电设备型号如图 3-4-4 所示。

表 3-4-1 交流充电盒参数

充电设备名称	额定输入电压 /V	额定输出功率 /kW	额定输出电流 /A	CC 与 PE 阻值 /Ω
家用插座交流充电	220	2	8	680（老国标） 1500（新国标）
3.3kW 壁挂式充电盒	220	3.3	16	680
7kW 壁挂式充电盒	220	7	32	220
40kW 壁挂式充电盒	380	40	63	100

 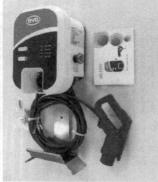 

a) 家用插座交流充电盒　　b) 3.3kW 或 7kW 壁挂式充电盒　　c) 40kW 壁挂式充电盒

图 3-4-4 充电设备型号

比亚迪 e5 标配的是家用插座交流充电盒和 7kW 壁挂式充电盒，40kW 壁挂式充电盒为选配。

2.3 交流充电枪

该设备用于车辆在不带充电枪的交流充电桩上充电，额定功率为 7kW，CC 与 PE 之间的阻值为 220Ω，如图 3-4-5 所示。

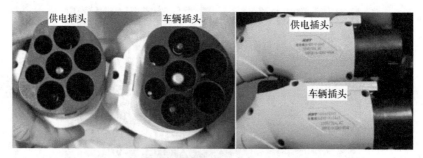

图 3-4-5 交流充电枪

2.4 VTOV 设备

VTOV，即 Vehicle To Vehicle，用于车辆对车辆进行充电，可用于纯电动汽车动力电池组亏电救援。该设备两头都是连接车辆交流充电口的充电枪,且完全相同,CC 与 PE 之间的阻值为 220Ω。注意与交流充电枪总成区分,如图 3-4-6 所示。

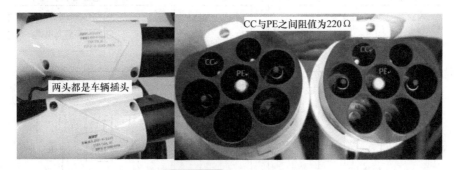

图 3-4-6　VTOV 设备

2.5　VTOL 设备

VTOL（Vehicle To Load,车辆对负载放电）,全称为"车辆对插排放电连接装置",可直接为功率不大于 3kW 的家用电器供电。该设备一头是交流放电枪,另一头为公牛插排,如图 3-4-7 所示。其中,交流放电枪上的 CC 与 PE 之间的阻值为 2000Ω。

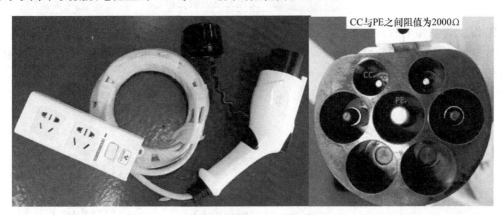

图 3-4-7　VTOL 设备

2.6　VTOG 设备

VTOG,即 Vehicle To Grid,车辆对电网放电。e5 可通过比亚迪 40kW 壁挂式交流充电盒实现对电网放电,如图 3-4-8 所示。交流充电枪上,CC 与 PE 之间的阻值为 100Ω。

2.7　交流充电控制逻辑

比亚迪 e5 无论上电还是充电（包括交直流）都是有预充过程的。

交流充电过程控制逻辑如图 3-4-9 所示。

VTOG 检测到交流充电枪插枪信号（插枪后,充电枪上的 CC 信号通过充电口传送给 VTOG）,VTOG 会将充电连接信号发给 BCM（车身控制模

图 3-4-8　VTOG 设备

块，集成在仪表配电盒内部）。BCM 再吸合 IG3 继电器（双路电），给相关模块提供双路电源。

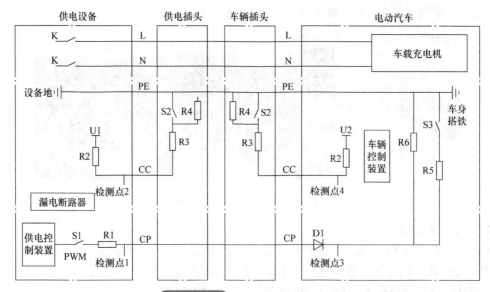

图 3-4-9　交流充电控制逻辑

BMS 获得双路电后，检测到 VTOG 发送的交流充电连接信号（感应信号），并进行预充控制（图 3-4-10）：即先吸合预充接触器完成预充后，再吸合交流充电接触器，将动力电池包电压加载在 VTOG（OBC）的直流侧。

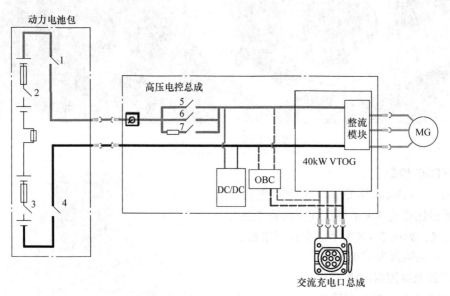

图 3-4-10　BMS 充电接触器预充控制

1—正极接触器　2—动力电池包分压接触器 1　3—动力电池包分压接触器 2　4—负极接触器
5—主接触器　6—交流充电器　7—预充接触器

VTOG 与交流充电设备进行 CP 信号确认后，交流充电设备通过充电口给"四合一"供交流电后，开始充电。

项目 3　新能源汽车的故障诊断

2.8　主要数据流

（1）BMS 数据流（图 3-4-11）

图 3-4-11　BMS 数据流

（2）VTOG 数据流（图 3-4-12）

图 3-4-12　VTOG 数据流

3. 直流充电系统

3.1 直流充电口总成

功用：直流充电桩通过直流充电口连接后，实现与动力电池管理器的交互，并最终通过高压电控总成（升降压模块升压后再经过高压配电箱或直接经过高压配电箱）给动力电池充电。

结构：除有与直流充电枪对接的 9 芯（DC+、DC-、PE、A+、A-、S+、S-、CC1、CC2）外，还在直流充电口上安装了温度传感器，如图 3-4-13 所示。

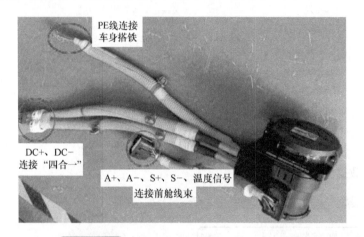

图 3-4-13　比亚迪 e5 直流充电口及高压导线

图 3-4-14 所示的温度传感器用来检测直流充电过程中充电口的温升情况。在监测到温度较高时，BMS 会根据具体温度限制充电功率甚至禁止充电，防止出现充电严重发热情况。

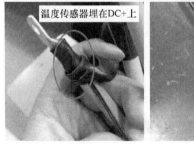
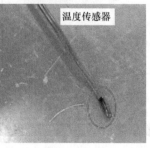

图 3-4-14　比亚迪 e5 直流充电温度传感器

3.2 直流充电枪和接口总成

如图 3-4-15 所示，该设备的直流充电口上，CC1 与 PE 之间的阻值为 1kΩ，直流充电柜通过它确认是否已插枪。直流充电枪上，CC2 与 PE 之间的阻值为 1kΩ，整车 BMS 通过它确认是否已插枪。

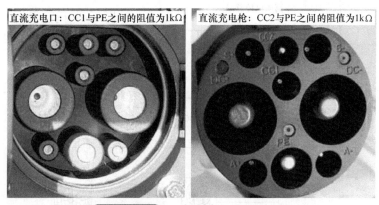

图 3-4-15　直流充电枪及充电接口

3.3 直流充电控制逻辑

直流充电控制逻辑，如图 3-4-16 所示。

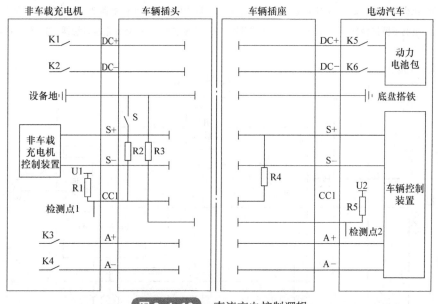

图 3-4-16　直流充电控制逻辑

直流充电枪插枪后，直流充电柜检测到充电口上的 CC1 信号，然后输出 12V 低压辅助电源（A+、A-）。低压辅助电压直接供给 K3-1 直流充电继电器，该继电器吸合后，BMS、高压配电箱等获得双路电源。BMS 检测到直流充电感应信号（即充电枪上的 CC2 信号）后，控制动力电池包给"四合一"充电预充。BMS 与直流充电柜进行 CAN 交互。直流充电柜输入高压直流电（DC+、DC-）通过"四合一"给电池包充电。

图 3-4-17 与图 3-4-18 所示，分别为高压电控总成中不带升降压模块和带升降压模块的直流充电示意图。

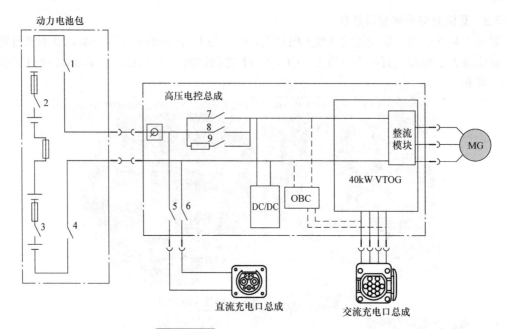

图 3-4-17 不带升降压模块直流充电

1—正极接触器 2—动力电池包分压接触器 1 3—动力电池包分压接触器 2 4—负极接触器 1
5—直流充电正极接触器 6—直流充电负极接触器 7—主接触器 8—交流充电接触器 9—预充接触器

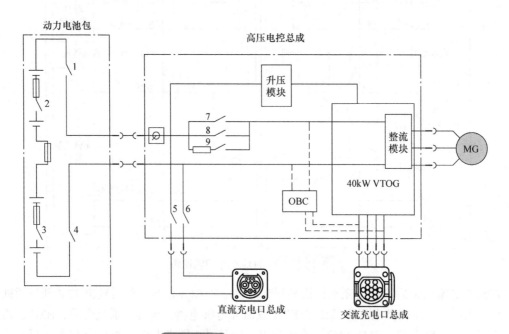

图 3-4-18 带升降压模块直流充电

1—正极接触器 2—动力电池包分压接触器 1 3—动力电池包分压接触器 2 4—负极接触器 1
5—直流充电正极接触器 6—直流充电负极接触器 7—主接触器 8—交流充电接触器 9—预充接触器

3.4 直流充电数据流

（1）BMS 数据流（图 3-4-19）

图 3-4-19　BMS 数据流

（2）VTOG 数据流（图 3-4-20）

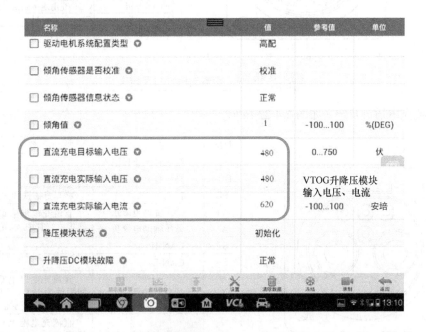

图 3-4-20　VTOG 数据流

四、任务实施

1. 任务准备

安全防护：做好车辆安全防护与隔离（车内外三件套、车轮挡块、警示隔离带等）。

工具设备：数字万用表、兆欧表、示波器、绝缘防护用品、绝缘工具套装、常规工具套装、道通 MS908E 汽车智能诊断仪、充电桩。

台架车辆：比亚迪 e5 分控联动系统（行云新能 INW-EV-E5-FL），比亚迪 e5 教学版整车。

辅助资料：汽车维修手册和电路图、道通 MS908E 汽车智能诊断仪使用说明书、教材。

2. 实施步骤

2.1 比亚迪 e5 充电系统的故障排查

2.1.1 电路分析与测量

（1）电路插接器端子接口及定义

① 交流充电插口及定义如图 3-4-21 所示。

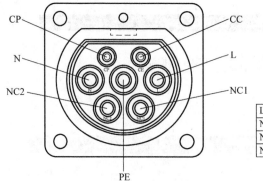

L: A相	PE: 地线
NC1: B相	CC: 充电连接确认
NC2: C相	CP: 充电控制
N: 中性线	/

图 3-4-21　交流充电插口及定义

② 直流充电插口及定义如图 3-4-22 所示。

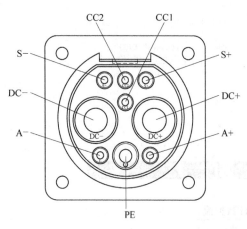

针脚	定　义	备　注
DC+	高压直流正极输入	
DC−	高压直流负极输入	
PE	接地	将车身搭铁和大地连接起来
A+	低压辅助电源正	直流充电柜给车辆输入 12V 低压电，其中 A− 接车身搭铁
A−	低压辅助电源负	
S+	CAN-H	
S−	CAN-L	
CC1	$1k\Omega \pm 30\Omega$	直流充电口上 CC1 与 PE 之间阻值为 $1k\Omega$，直流充电柜通过它确认是否已插枪
CC2	直流充电感应信号	直流充电枪上 CC2 与 PE 之间阻值为 $1k\Omega$，整车 BMS 通过它确认是否已插枪

图 3-4-22　直流充电插口及定义

（2）充电系统电路控制原理图（图3-4-23）

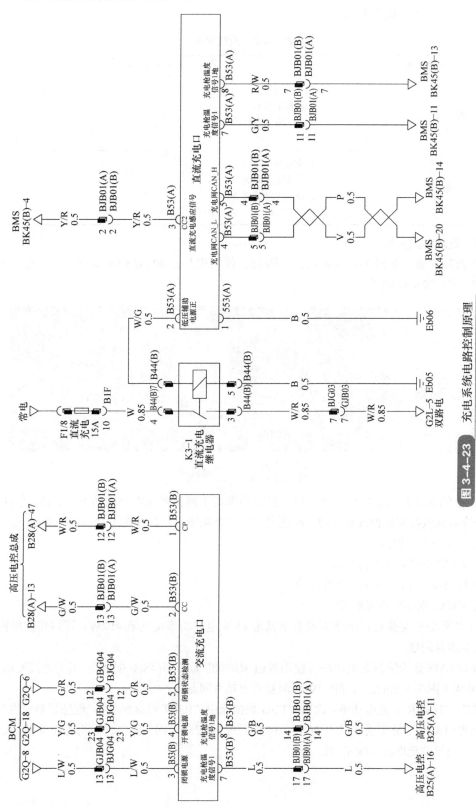

图3-4-23 充电系统电路控制原理

2.1.2 故障排查

（1）故障现象（表 3-4-2）

表 3-4-2　故障现象

故障现象	可能发生部位
直流无法充电	1. 直流充电口 2. 高压电控总成 3. 动力电池管理器 4. 线束
交流无法充电	1. 交流充电口 2. 高压电控总成 3. 动力电池管理器 4. 线束

（2）故障案例分析

1）故障现象：如图 3-4-24 所示，一辆 e5，使用比亚迪 40kW 壁挂式充电盒，充电功率只有 6kW，导致充电时间长。

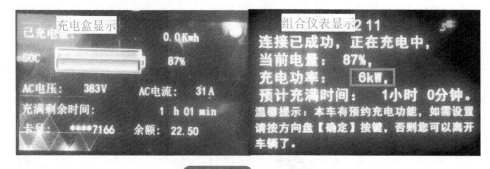

图 3-4-24　充电故障

2）故障诊断：该车可以充电，只是充电功率达不到正常充电时的功率（40kW 左右），说明整个交流充电控制流程没有问题，问题只在于充电功率小。影响充电功率的因素如下：

① 交流三相电网故障。

② 40kW 壁挂式充电盒故障。

③ BMS 功率限制或动力电池故障。

④ VTOG 限制功率或故障。

3）故障分析与排查：因该充电盒给其他 e5 充电时功率能达到 40kW，可以排除电网供电及充电盒本身问题。

排查 BMS 是否限制充电功率：使用道通 MS908E 读取 BMS 数据流，"最大允许充电功率"为 76.3kW（图 3-4-25a），可排除 BMS 限制充电功率问题。

考虑 VTOG 限制充电功率：读取 VTOG 数据流中"IGBT 最高温度""电感最高温度""（交流）充电口温度"分别为 35℃、26℃、34℃（图 3-4-25b、图 3-4-25c），均为正常状态，可排除温度过高导致充电功率限制问题。

项目 3 新能源汽车的故障诊断

图 3-4-25 充电系统数据流

名称	值	参考值	单位
充电直流侧电流	0	0...200	安培
控制器充电功率比	0	0...100	kW
电网交流频率	0	0...100	Hz
交流A相电压	0	0...500	伏
交流B相电压	0	0...500	伏
交流C相电压	0	0...500	伏
电网交流A相电流	33	0...80	安培
电网交流B相电流	33	0...80	安培
电网交流C相电流	3	0...80	安培

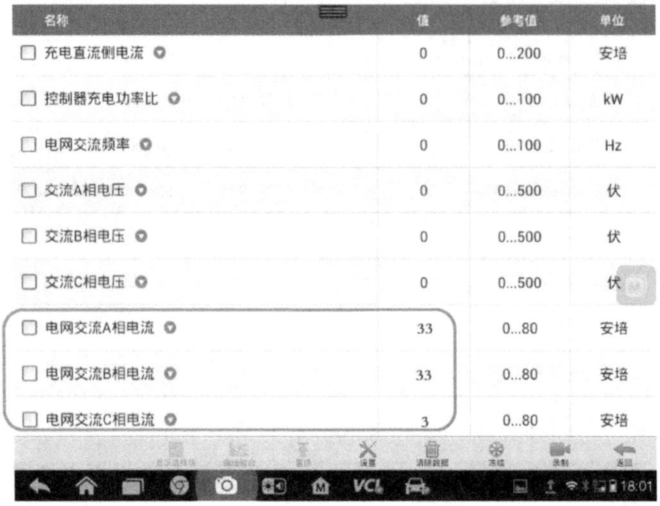

d)

图 3-4-25　充电系统数据流（续）

读取 VTOG 中实际充电数据：A、B、C 交流输入电压均为 220V，正常。但 A、B、C 相电流分别是 33A、33A、3A（图 3-4-25d），即没有 C 相电流。实际 VTOG 当前进行单相充电（比亚迪 e5 VTOG 单相充电的额定功率为 7kW 左右）。

这是因为 VTOG 在进行单相充电时，输入口的 N 相通过单三相充电切换接触器（图 3-4-26）吸合后，直接接入 B 相 IGBT，即此时 B 相的电流就是充电口 C 相的电流，与 A 相电流大小一致。

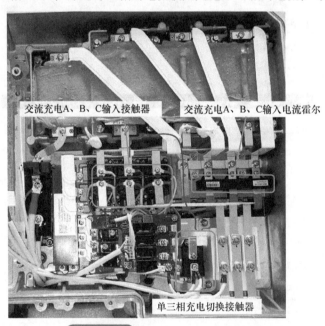

图 3-4-26　单三相充电切换接触器

4）故障排除：怀疑 VTOG 三相交流充电侧存在输入预充回路或充电接触器故障导致的缺相问题，使 VTOG 只能进行单相充电。更换“四合一”并进行防盗编程、坡度、制动深度学习后试车，故障排除。

项目3 新能源汽车的故障诊断

2.2 比亚迪秦充电系统的故障排查

1）故障现象：2017款秦80充电时仪表无显示（图3-4-27）。

图 3-4-27 故障现象

2）故障分析：故障的原因有以下几种：
① 便携式交流充电机故障。
② 交流充电座故障。
③ 电池管理器故障。
④ 电池包故障。
⑤ 组合仪表故障。

3）故障分析与排查

连接新能源汽车专用解码器，选择BYD 2017款秦，选择"动力模块"（图3-4-28），点击"车载充电器"读取数据流（图3-4-29）。

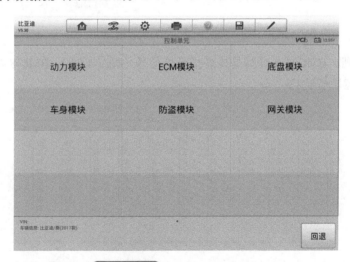

图 3-4-28 选择"动力模块"

连上解码器后能正常读取数据，可以排除充电CAN、双电路正常，从框内的数据流可以排除便携式交流充电机、交流充电座、车载充电器的故障。

读取的BMC数据流如图3-4-30所示，可以排除BMC的电源、搭铁和电池包故障。

179

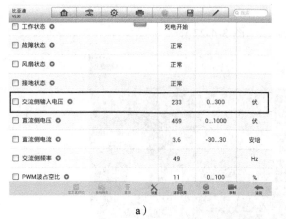
a)
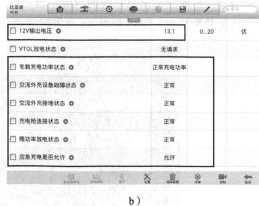
b)

图 3-4-29　读取数据流

图 3-4-30　BMC 数据流

查询维修手册，BMC01-8 针脚是仪表指示灯信号（图 3-4-31），BMC-8 针脚与 GND 之间的电压在充电时应该小于 1V。

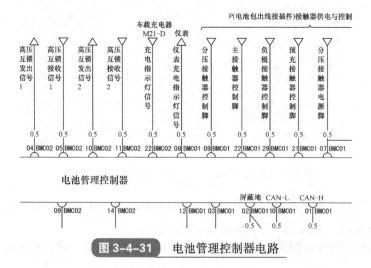

图 3-4-31　电池管理控制器电路

拆开前排乘客座椅固定螺栓，实际测量结果如图 3-4-32 所示。

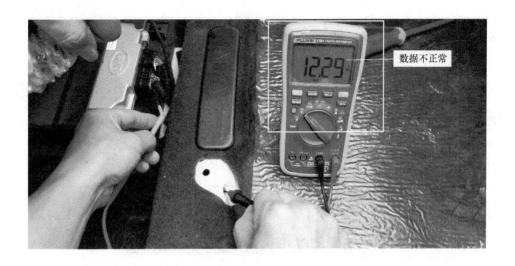

图 3-4-32　实际电压

可以判断故障原因是 BMC 未在充电时给仪表发送点亮充电指示灯的信号。

4）故障排除：断开低压电池负极（驾驶人座椅下方），拔下 BMC01 插头，发现 BMC01-8 针脚脱落（图 3-4-33）。

插上 BMC01-8 针脚后充电，观察仪表，显示正常（图 3-4-34）。

图 3-4-33　针脚脱落

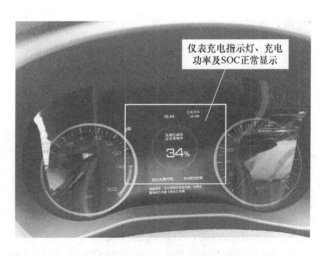

图 3-4-34　仪表显示正常

五、学习检查

任务	请通过案例分析并结合比亚迪 e5 教学版整车进行充电系统故障处理
笔记	

任务 5　动力电池系统的故障排查

一、任务引入

动力电池系统是新能源汽车纯电行驶的能量源,它为整车驱动和其他用电器提供电能。动力电池系统会出现哪些故障?出现故障后如何进行排查?通过本任务的学习,正确地运用诊断设备对车辆动力电池系统进行故障排查,建立有效、合理、安全的诊断思路,并规范地实施车辆故障检测作业。

二、任务要求

知识要求:

- 掌握动力电池系统的结构、组件位置和功能。
- 掌握动力电池系统的控制逻辑及诊断方法。

技能要求:

- 能够借助诊断设备完成动力电池系统的故障排查。
- 能够建立动力电池系统故障诊断思路。

职业素养要求:

- 严格执行汽车检修规范,养成严谨科学的工作态度。
- 尊重他人劳动,不窃取他人成果。
- 养成总结训练结果的习惯,为下次训练积累经验。
- 养成团结协作精神。
- 严格执行 5S 现场管理。

三、相关知识

1. 比亚迪 e5 动力电池系统的结构功能与数据流

1.1 比亚迪 e5 动力电池组外部组成

比亚迪 e5 的动力电池系统由动力电池模组、动力电池信息采集器、串联线、托盘、密封罩、动力电池采样线组成,布置在整车地板下,如图 3-5-1 所示。类型为磷酸铁锂电池,电量为 47.5kW·h。

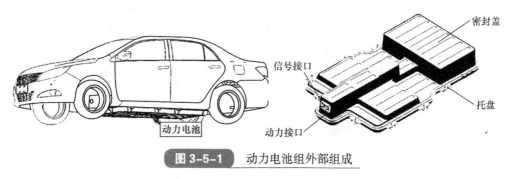

图 3-5-1　动力电池组外部组成

1.2 比亚迪 e5 动力电池系统的功能及数据流

1.2.1 内部结构

比亚迪 e5 动力电池组的内部结构(图 3-5-2)包含 13 个动力电池模组(串联),13 个 BIC (Battery Information Collector,即动力电池信息采集器),2 个分压接触器(6 号和 10 号模组内部

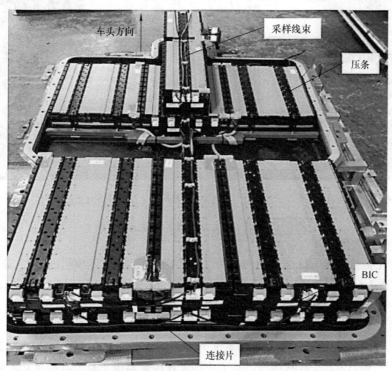

图 3-5-2　动力电池组内部结构

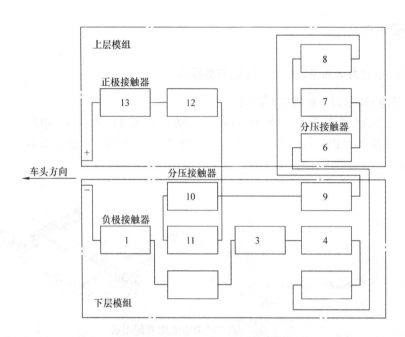

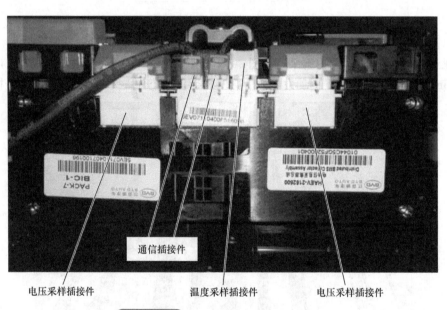

图 3-5-2 动力电池组内部结构（续）

各一个），1个正极接触器（13号模组内部），1个负极接触器（1号模组内部），采样线束，模组连接片等，如图3-5-2所示。13号模组在1号的上层，12号模组在11号的上层，6、7、8号模组分别在5、4、9号的上层。

1.2.2 动力电池管理系统控制逻辑

比亚迪e5采用分布式动力电池管理系统，由动力电池管理控制器（BMC）、动力电池信息采集器（BIC）、动力电池采样线组成。动力电池管理控制器位于高压电控单元后部，如图3-5-3所示。

项目3 新能源汽车的故障诊断

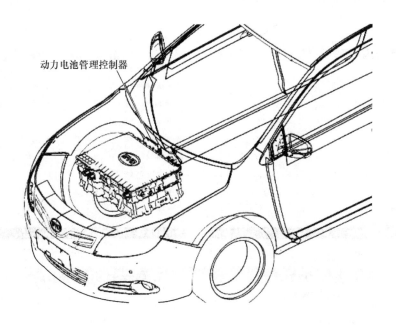

图 3-5-3 动力电池管理控制器（BMC）安装位置

动力电池管理控制器的主要功能有充放电管理、接触器控制、功率控制、动力电池异常状态报警和保护、SOC/SOH 计算、自检以及通信功能等。动力电池信息采集器的主要功能有动力电池电压采样、温度采样、动力电池均衡、采样线异常检测等。动力电池采样线的主要功能是连接动力电池管理控制器和动力电池信息采集器，实现二者之间的通信及信息交换，如图 3-5-4 所示。

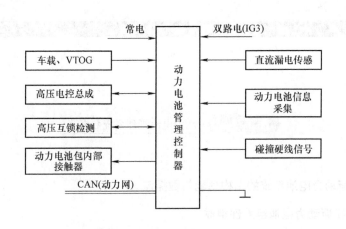

图 3-5-4 动力电池管理系统控制逻辑

185

1.2.3 动力电池管理系统数据流

动力电池管理系统数据流如图 3-5-5 所示。

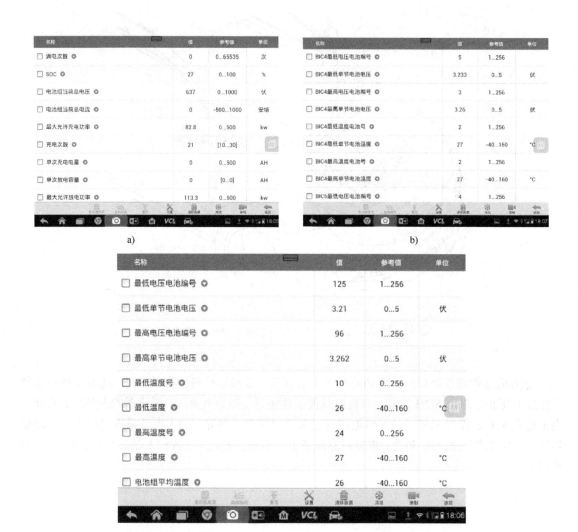

图 3-5-5　动力电池管理系统数据流

2. 丰田普锐斯动力电池系统的结构功能与数据流

2.1 丰田普锐斯动力电池组外部组成

普锐斯的动力电池系统由动力电池模组、动力电池管理器、动力电池接线盒、冷却鼓风机、维修塞等组成，安装在行李箱内，如图 3-5-6 所示。类型为镍氢电池，电量为 47.5kW·h。

项目 3　新能源汽车的故障诊断

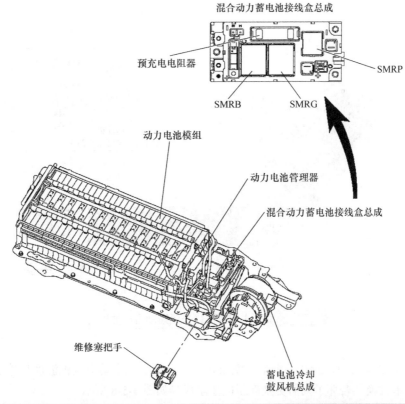

图 3-5-6　普锐斯动力电池安装位置及外部组成

2.2　丰田普锐斯动力电池系统的功能及数据流

2.2.1　内部结构

丰田第三代普锐斯动力电池组由 6 个单体电池组成一个电池模块，共 34 个模块组成，如图 3-5-7 所示。每个蓄电池模块均不易泄漏且置于密封壳内，蓄电池模块内的电解液是氢氧化钾和氢氧化钠的碱性混合溶液。电解液吸附在蓄电池极板内，即使发生碰撞也不容易泄漏。

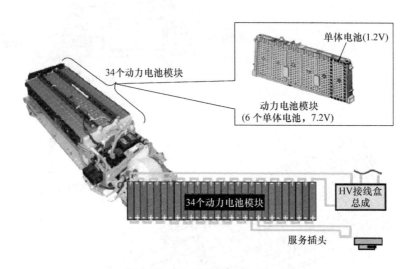

图 3-5-7　丰田第三代普锐斯动力电池组的构成

服务插头是串联的,断开一个整个就断开了。上面有三个动力电池温度传感器是集成在一起的,不能单独换,若坏了则需更换高压电池总成,如图 3-5-8 所示。

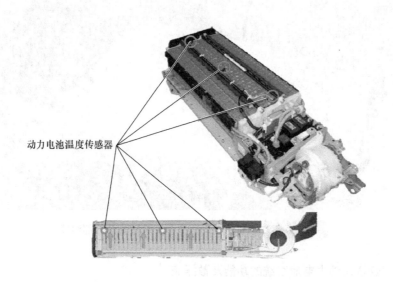

图 3-5-8　丰田普锐斯动力电池温度传感器

另外还有一个动力电池电流传感器,用于探测流进动力电池的电流强度,如图 3-5-9 所示。

项目 3　新能源汽车的故障诊断

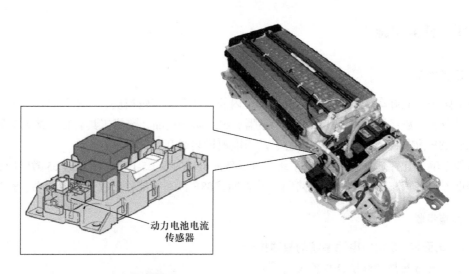

图 3-5-9　丰田普锐斯动力电池电流传感器

2.2.2　动力电池管理系统控制逻辑

动力电池管理系统由蓄电池智能单元（动力电池管理器）进行 SOC 控制、蓄电池冷却风扇控制和绝缘异常检测，如图 3-5-10 所示。蓄电池智能单元可以将判定充电或放电值（由动力管理控制 ECU 计算）所需的 HV 蓄电池状态信号（电压、电流和温度）转换为数字信号，并通过串行通信将其传输至动力管理控制 ECU。

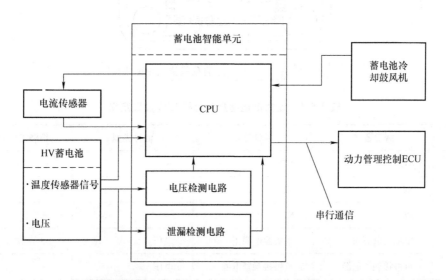

图 3-5-10　丰田普锐斯动力电池管理系统控制逻辑

蓄电池智能单元采用泄漏检测电路来检测 HV 蓄电池的泄漏情况。此外，蓄电池智能单元检测动力管理控制 ECU 所需的冷却风扇的电压，以实现冷却风扇控制。蓄电池智能单元还将这些信号转换为数字信号，并通过串行通信将其传输至动力管理系统 ECU。

动力电池管理系统数据流参见数据流附表（配套 PPT 课件中）。

四、任务实施

1. 任务准备

安全防护：做好车辆安全防护与隔离（车内外三件套、车轮挡块、警示隔离带等）。

工具设备：数字万用表、兆欧表、示波器、绝缘防护用品、绝缘工具套装、常规工具套装、道通 MS908E 汽车智能诊断仪、充电桩、动力电池拆装举升台。

台架车辆：比亚迪 e5 分控联动系统（行云新能 INW-EV-E5-FL），比亚迪 e5 教学版整车。

辅助资料：汽车维修手册和电路图、道通 MS908E 汽车智能诊断仪使用说明书、教材。

2. 实施步骤

2.1 比亚迪 e5 动力电池系统的故障排查

2.1.1 电路插接器端子接口定义

① 动力电池信息采集器 BIC 插口如图 3-5-11 所示，其定义见表 3-5-1。

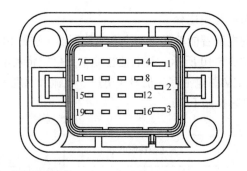

图 3-5-11　动力电池信息采集器 BIC 插口

表 3-5-1　动力电池信息采集器 BIC 插口定义

引脚号	端口名称	端口定义	信号类型	稳态工作电流 /A
D-1	NC	NC	—	—
D-2	NC	NC	—	—
D-3	NC	NC	—	—
D-4	采集器电源正	采集器电源正	电压	1.3
D-5	负极接触器电源	负极接触器电源	电压	
D-6	分压接触器电源 1	分压接触器电源 1	电压	
D-7	分压接触器电源 2	分压接触器电源 2	电压	
D-8	正极接触器电源	正极接触器电源	—	
D-9	高压互锁信号输入	高压互锁信号输入	PWM	—
D-10	采集器 CAN 屏蔽地	采集器 CAN 屏蔽地	NC	—

（续）

引脚号	端口名称	端口定义	信号类型	稳态工作电流/A
D-11	NC	NC	NC	—
D-12	采集器 CAN_L	采集器 CAN_L	—	—
D-13	采集器 CAN_H	采集器 CAN_H	—	—
D-14	高压互锁信号输出	高压互锁信号输出	PWM	—
D-15	采集器电源地	采集器电源地	电压	1.3
D-16	负极接触器控制	负极接触器控制	—	0.1
D-17	分压接触器控制 1	分压接触器控制 1	—	0.1
D-18	分压接触器控制 2	分压接触器控制 2	—	0.1
D-19	正极接触器控制	正极接触器控制	—	0.1

② 动力电池管理器 BMS 插口如图 3-5-12 所示，其定义见表 3-5-2。

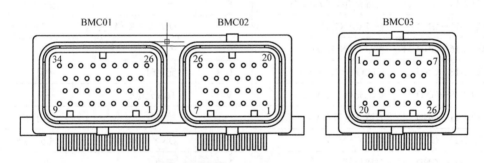

图 3-5-12　电池管理器 BMS 插口

表 3-5-2　电池管理器 BMS 插口定义

连接端子	端子描述	线色	条件	正常值
BMC01-1—GND	高压互锁输出信号	W	ON 档/OK 档/充电	PWM 脉冲信号
BMC01-2—GND	一般漏电信号	L/W	一般漏电	小于 1V
BMC01-6—GND	整车低压地	B	始终	小于 1V
BMC01-9—GND	主接触器拉低控制信号	Br	整车上高压电	小于 1V
BMC01-10—GND	严重漏电信号	Y/G	严重漏电	小于 1V
BMC01-14—GND	12V 蓄电池正	G/R	ON 档/OK 档/充电	9～16V
BMC01-17—GND	主预充接触器拉低控制信号	W/L	预充过程中	小于 1V
BMC01-26—GND	直流霍尔信号	W/B	电源 ON 档	0～4.2V
BMC01-27—GND	电流霍尔 +15V	Y/B	—	9～16V
BMC01-28—GND	直流霍尔屏蔽地	Y/G	—	—

（续）

连接端子	端子描述	线色	条件	正常值
BMC01-29—GND	电流霍尔 -15V	R/G	ON 档 /OK 档 / 充电	-16～-9V
BMC01-30—GND	整车低压地	B	始终	小于 1V
BMC01-31—GND	仪表充电指示灯信号	G	充电时	—
BMC01-33—GND	直流充电正、负极接触器拉低控制信号	Gr	—	小于 1V
BMC01-34—GND	交流充电接触器控制信号	G/W	始终	小于 1V
BMC02-1—GND	12V DC 电源正	R/B	电源 ON 档 / 充电	11～14V
BMC02-4—GND	直流充电感应信号	Y/R	充电时	—
BMC02-G—GND	整车低压低	B	始终	—
BMC02-7—GND	高压互锁输入信号	W	ON 档 /OK 档 / 充电	PWM 脉冲信号
BMC02-11—GND	直流温度传感器高	G/Y	ON 档 /OK 档 / 充电	2.5～3.5V
BMC02-13—GND	直流温度传感器低	R/W	—	—
BMC02-14—GND	直流充电口 CAN2_H	P	—	—
BMC02-15—GND	整车 CAN1_H	P	ON 档 /OK 档 / 充电	1.5～2.5V
BMC02-16—GND	整车 CAN 屏蔽地	—	—	—
BMC02-18—GND	VTOG/ 车载感应信号	L/B	充电时	小于 1V
BMC02-20—GND	直流充电口 CAN2_L	V	直流充电时	—
BMC02-21—GND	直流充电口 CAN 屏蔽地	—	始终	小于 1V
BMC02-22—GND	整车 CAN_H	V	ON 档 /OK 档 / 充电	1.5～2.5V
BMC02-25—GND	碰撞信号	Y/G	起动	约 -15V
BMC03-1—GND	采集器 CAN_L	V	ON 档 /OK 档 / 充电	1.5～2.5V
BMC03-2—GND	采集器 CAN 屏蔽地	—	始终	小于 1V
BMC03-3—GND	1# 分压接触器拉低控制信号	G/B	—	小于 1V
BMC03-4—GND	2# 分压接触器拉低控制信号	Y/B	—	小于 1V
BMC03-7—GND	BIC 供电电源正	R/L	ON 档 /OK 档 / 充电	9～16V
BMC03-8—GND	采集器 CAN_H	P	ON 档 /OK 档 / 充电	2.5～3.5V
BMC03-10—GND	负极接触器拉低控制信号	L/B	接触器吸合时	小于 1V
BMC03-11—GND	正极接触器拉低控制信号	R/G	接触器吸合时	小于 1V
BMC03-14—GND	1# 分压接触器 12V 电源	G/R	ON 档 /OK 档 / 充电	9～16V
BMC03-15—GND	2# 分压接触器 12V 电源	L/R	ON 档 /OK 档 / 充电	9～16V
BMC03-20—GND	负极接触器 12V 电源	Y/W	ON 档 /OK 档 / 充电	9～16V
BMC03-21—GND	正极接触器 12V 电源	R/W	ON 档 /OK 档 / 充电	9～16V
BMC03-26—GND	采集器电源地	R/Y	ON 档 /OK 档 / 充电	—

项目3 新能源汽车的故障诊断

2.1.2 故障排查
（1）故障排查流程

| 1 | 把车开时维修车间 |

下一步

| 2 | 检查蓄电池电压及整车低压线束供电是否正常 |

标准电压值：12～14V
如果电压值低于12V，则在进行下一步前充电或更换蓄电池或检查整车低压线束。

下一步

| 3 | 对接好插接件，整车上ON档电，进入动力电池管理器故障码诊断 |

下一步

| 4 | 针对故障进行调整、维修或更换 |

下一步

| 5 | 确认测试 |

下一步

| 6 | 结束 |

动力电池包漏电检测

（2）故障码（表3-5-3）

表3-5-3 故障码

DTC	描述	故障可能部位
P1A0000	严重漏电故障	检查动力电池、"四合一"、空调压缩机和PTC
P1A0100	一般漏电故障	检查动力电池、"四合一"、空调压缩机和PTC
P1A0200	BIC1 工作异常故障	采集器 1
P1A0300	BIC2 工作异常故障	采集器 2
P1A0400	BIC3 工作异常故障	采集器 3
P1A0500	BIC4 工作异常故障	采集器 4
P1A0600	BIC5 工作异常故障	采集器 5
P1A0700	BIC6 工作异常故障	采集器 6
P1A0800	BIC7 工作异常故障	采集器 7
P1A0900	BIC8 工作异常故障	采集器 8
P1A0A00	BIC9 工作异常故障	采集器 9
P1A0B00	BIC10 工作异常故障	采集器 10
P1A9800	BIC11 工作异常故障	采集器 11
P1A9900	BIC12 工作异常故障	采集器 12
P1A9A00	BIC13 工作异常故障	采集器 13

（续）

DTC	描述	故障可能部位
P1A0C00	BIC1 电压采样异常故障	动力电池模组 1
P1A0D00	BIC2 电压采样异常故障	动力电池模组 2
P1A0E00	BIC3 电压采样异常故障	动力电池模组 3
P1A0F00	BIC4 电压采样异常故障	动力电池模组 4
P1A1000	BIC5 电压采样异常故障	动力电池模组 5
P1A1100	BIC6 电压采样异常故障	动力电池模组 6
P1A1200	BIC7 电压采样异常故障	动力电池模组 7
P1A1300	BIC8 电压采样异常故障	动力电池模组 8
P1A1400	BIC9 电压采样异常故障	动力电池模组 9
P1A1500	BIC10 电压采样异常故障	动力电池模组 10
P1AA200	BIC11 电压采样异常故障	动力电池模组 11
P1AA300	BIC12 电压采样异常故障	动力电池模组 12
P1AA400	BIC13 电压采样异常故障	动力电池模组 13
P1A2000	BIC1 温度采样异常故障	采集器 1
P1A2100	BIC2 温度采样异常故障	采集器 2
P1A2200	BIC3 温度采样异常故障	采集器 3
P1A2300	BIC4 温度采样异常故障	采集器 4
P1A2400	BIC5 温度采样异常故障	采集器 5
P1A2500	BIC6 温度采样异常故障	采集器 6
P1A2600	BIC7 温度采样异常故障	采集器 7
P1A2700	BIC8 温度采样异常故障	采集器 8
P1A2800	BIC9 温度采样异常故障	采集器 9
P1A2900	BIC10 温度采样异常故障	采集器 10
P1AAC00	BIC11 温度采样异常故障	采集器 11
P1AAD00	BIC12 温度采样异常故障	采集器 12
P1AAE00	BIC13 温度采样异常故障	采集器 13
P1A2A00	BIC1 均衡电路故障	采集器 1
P1A2B00	BIC2 均衡电路故障	采集器 2
P1A2C00	BIC3 均衡电路故障	采集器 3
P1A2D00	BIC4 均衡电路故障	采集器 4
P1A2E00	BIC5 均衡电路故障	采集器 5
P1A2F00	BIC6 均衡电路故障	采集器 6
P1A3000	BIC7 均衡电路故障	采集器 7
P1A3100	BIC8 均衡电路故障	采集器 8
P1A3200	BIC9 均衡电路故障	采集器 9
P1A3300	BIC10 均衡电路故障	采集器 10
P1AB600	BIC11 均衡电路故障	采集器 11
P1AB700	BIC12 均衡电路故障	采集器 12
P1AB800	BIC13 均衡电路故障	采集器 13
P1A3400	预充失败故障	检查动力电池、高压配电箱、电机控制器与 DC 总成、空调压缩机 /PTC/ 高压线束、漏电传感器
P1A3500	动力电池单节电压严重过高	动力电池

(续)

DTC	描述	故障可能部位
P1A3600	动力电池单节电压一般过高	动力电池
P1A3700	动力电池单节电压严重过低	动力电池
P1A3800	动力电池单节电压一般过低	动力电池
P1A3900	动力电池单节温度严重过高	动力电池
P1A3A00	动力电池单节温度一般过高	动力电池
P1A3B00	动力电池单节温度严重过低	动力电池
P1A3C00	动力电池单节温度一般过低	动力电池
P1A3D00	负极接触器回检故障	动力电池管理器低压线束、高压电控总成
P1A3E00	主接触器回检故障	动力电池管理器低压线束、高压电控总成
P1A3F00	预充接触器回检故障	动力电池管理器低压线束、高压电控总成
P1A4000	充电接触器回检故障	动力电池管理器低压线束、高压电控总成
P1A4100	主接触器烧结故障	—
P1A4200	负极接触器烧结故障	动力电池包
P1A4300	动力电池管理器+15V供电过高故障	动力电池管理器、蓄电池
P1A4400	动力电池管理器+15V供电过低故障	动力电池管理器、蓄电池
P1A4500	动力电池管理器−15V供电过高故障	动力电池管理器、蓄电池
P1A4600	动力电池管理器−15V供电过低故障	动力电池管理器、蓄电池
P1A4700	交流充电感应信号断线故障	高压电控总成、动力电池管理器、低压线束
P1A4800	主电机开盖故障	高压电控总成
P1A4900	高压互锁自检故障	动力电池管理器、高压电控总成、低压线束
P1A4A00	高压互锁一直检测为高信号故障	动力电池管理器、高压电控总成、低压线束
P1A4B00	高压互锁一直检测为低信号故障	动力电池管理器、高压电控总成、低压线束
P1A4C00	漏电传感器失效故障	漏电传感器、低压线束、动力电池管理器
P1A4D00	电流霍尔传感器故障	霍尔传感器
P1A4E00	动力电池组过流警告	整车电流过大、霍尔传感器故障
P1A4F00	动力电池管理系统初始化错误	动力电池管理器
P1A5000	动力电池管理系统自检故障	动力电池管理器
P1A5100	碰撞硬线信号PWM异常告警（预留）	安全气囊ECU、低压线束、动力电池管理器
P1A5200	碰撞系统故障（预留）	安全气囊ECU、低压线束、动力电池管理器
P1A5500	动力电池管理器12V电源输入过高	蓄电池
P1A5600	动力电池管理器12V电源输入过低	蓄电池
P1A5700	大电流拉断接触器	整车电流过大、霍尔传感器故障
P1A5800	放电回路故障（预留）	—
P1A5900	与高压电控器通信故障	高压电控总成、低压线束
P1A5A00	与漏电传感器通信故障	漏电传感器、低压线束
P1A5B00	与安全气囊ECU通信故障	安全气囊ECU、低压线束
P1A5C00	分压接触器1回检故障	分压接触器、模组采样通信线
P1A5D00	分压接触器2回检故障	分压接触器、模组采样通信线
U20B000	BIC1 CAN通信超时故障	采集器、CAN线
U20B100	BIC2 CAN通信超时故障	采集器、CAN线
U20B200	BIC3 CAN通信超时故障	采集器、CAN线
U20B300	BIC4 CAN通信超时故障	采集器、CAN线

（续）

DTC	描述	故障可能部位
U20B400	BIC5 CAN 通信超时故障	采集器、CAN 线
U20B500	BIC6 CAN 通信超时故障	采集器、CAN 线
U20B600	BIC7 CAN 通信超时故障	采集器、CAN 线
U20B700	BIC8 CAN 通信超时故障	采集器、CAN 线
U20B800	BIC9 CAN 通信超时故障	采集器、CAN 线
U20B900	BIC10 CAN 通信超时故障	采集器、CAN 线
U20BA00	BIC11CAN 通信超时故障	采集器、CAN 线
U20BB00	BIC12CAN 通信超时故障	采集器、CAN 线
U20BC00	BIC13CAN 通信超时故障	采集器、CAN 线
U029700	有感应信号但没有车载报文故障	车载充电器、低压线束
U012200	有感应信号但没有起动 BMS 报文故障（低压 BMS）	蓄电池、低压线束
P1A6000	高压互锁故障	动力电池管理器、高压电控总成、低压线束

（3）故障案例分析

1）故障现象：一辆比亚迪 e5，行驶中 SOC 从 38% 跳变为 0%，OK 灯熄灭，仪表动力系统故障灯和动力电池故障灯均点亮（图 3-5-13）。重起车辆故障依旧。

图 3-5-13　故障灯

2）故障诊断：电量跳变到 0%，有两种可能：

① BMS 与仪表失去通信，仪表无法接收 BMS 发送的报文信息（包括 SOC）。

② BMS 系统报单体电压严重过低而禁止动力电池包放电。

假设第 1 种情况出现，网络通信故障导致仪表无法接收 BMS 所有报文信息，除点亮动力系统故障灯、动力电池故障灯外，还会点亮其他故障灯，如动力电池温度过高警告灯等。而该故障中只点亮了动力系统故障灯和动力电池故障灯，因此可以排除第 1 种原因。

假设第 2 种情况出现，单体电压严重过低（如2.5V 以下），此时 BMS 为避免动力电池过放，会限制放电功率到 0（即禁止放电），此时 BMS 会发送电压过低报警信息给仪表，仪表点亮动力系统故障灯和动力电池故障灯，与该故障现象基本吻合。

3）故障分析与排查：连接诊断仪，扫描到高压 BMS 报故障：BIC4 电压采样异常故障、单体电压严重过低，因电压低导致限放电功率为 0，如图 3-5-14 所示。

项目 3　新能源汽车的故障诊断

图 3-5-14　高压 BMS 故障

如图 3-5-15 所示，读取 BMS 数据及 BIC4（对应第 4 号模组）数据流，发现动力电池包第 59 节单体电池（即 BIC4 第 22 节单体电池）电压为 0V，可以确定这就是故障点。

图 3-5-15　BMS 数据及 BIC4 数据流

4）故障排除：第 4 号电池模组出现了单体电压异常，那么是动力电池包内部故障、动力电池管理器故障还是低压线束故障呢？因为 13 个 BIC 的电源、CAN 线路是共用的，而其他模组数据均显示正常，所以可以排除动力电池包与动力电池管理器之间的线束问题。

由于其余 BIC 数据处理显示均无异常，动力电池管理器自身出现问题的可能性极小。

综上，故障范围锁定在动力电池包内部，可能是单体电芯故障或电压采样点或采样线故障或 4 号采集器故障。因 e5 动力电池组目前采用总成更换形式，所以不用再进一步确定故障点。更换动力电池组，并根据备件出货检验报告标定容量及 SOC 后试车，故障排除。

197

2.2 丰田普锐斯动力电池系统的故障排查

2.2.1 电路分析与测量

（1）电路插接器端子接口定义

动力电池管理器插口如图 3-5-16 所示，其定义见表 3-5-4。

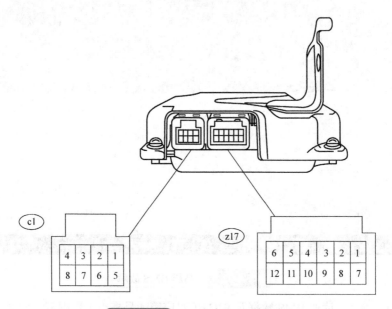

图 3-5-16 动力电池管理器插口

表 3-5-4 动力电池管理器插口定义

端子编号（符号）	配线颜色	端子描述	条件	规定状态
z17-4(TB2)-z17-10(GB2)	L-L	蓄电池温度传感器 2	HV 蓄电池温度：−40 ~ 90℃	4.8（−40℃）~ 1.0（90℃）
z17-5(TB1)-z17-11(GB1)	B-B	蓄电池温度传感器 1	HV 蓄电池温度：−40 ~ 90℃	4.8（−40℃）~ 1.0（90℃）
z17-6(TB0)-z17-12(GB0)	W-W	蓄电池温度传感器 0	HV 蓄电池温度：−40 ~ 90℃	4.8（−40℃）~ 1.0（90℃）
c1-1(IB)-c1-6(GIB)	P-B	电流传感器	电源开关 ON(READY)	0.5 ~ 4.5
c1-5(VIB)-c1-6(GIB)	G-B	蓄电池电流传感器电源	电源开关 ON(IG)	4.5 ~ 5.5
c1-4(IGCT)-c1-8(GND)	L-W-B	控制信号	电源开关 ON(READY)	11 ~ 14
c1-2(BTH+)-c1-8(GND)	R-W-B	串行通信	电源开关 ON(IG)	产生脉冲（波形 1）
c1-3(BTH+)-c1-8(GND)	G-W-B	串行通信	电源开关 ON(IG)	产生脉冲（波形 2）
c1-7(VM)-c1-8(GND)	V-W-B	蓄电池 0 号冷却鼓风机监视信号	冷却鼓风机激活	0 ~ 5
c1-8(GND)- 车身搭铁	W-B	搭铁	始终（导通性检查）	小于 1Ω

（2）动力电池控制电路（图 3-5-17）

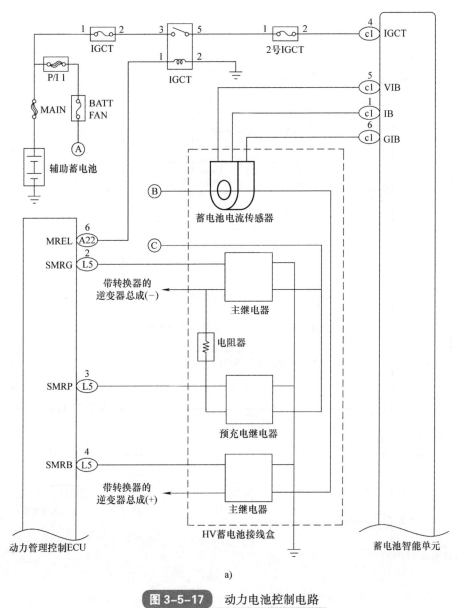

图 3-5-17　动力电池控制电路

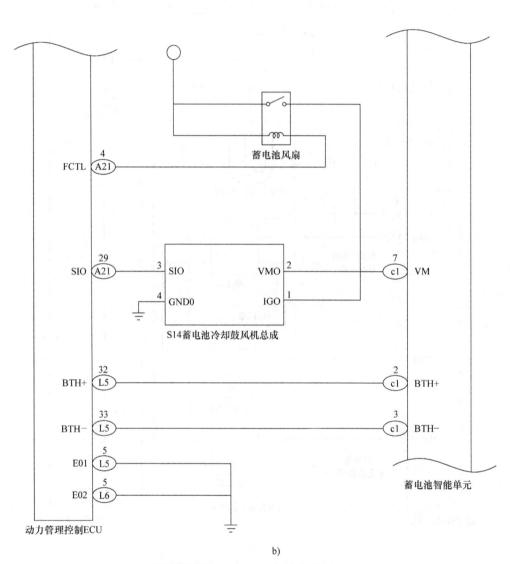

图 3-5-17 动力电池控制电路（续）

项目 3　新能源汽车的故障诊断

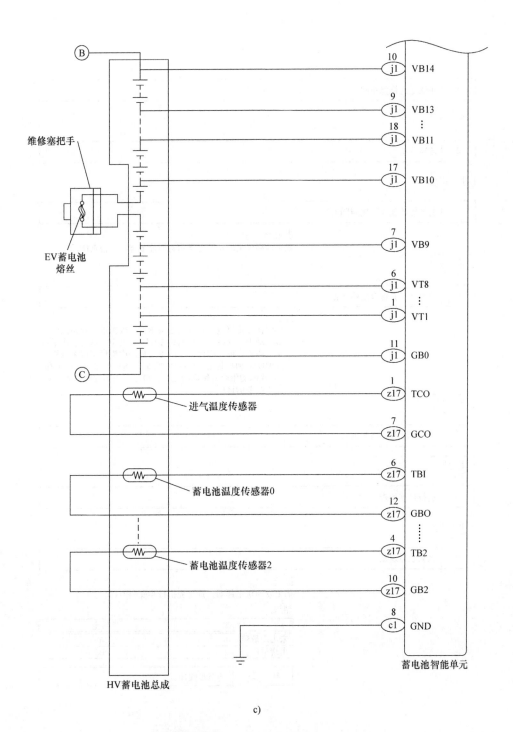

c)

图 3-5-17　动力电池控制电路（续）

201

2.2.2 故障排查

（1）故障排查流程

| 1 | 车辆送入维修车间 |

下一步

| 2 | 故障分析 |

下一步

| 3 | 将智能检测仪连接到DLC3 |

提示：
如果检测仪上的显示屏指示有通信故障，则检查DLC3。

下一步

| 4 | 检查DTC并保存定格数据 |

提示：
- 确保保存定格数据，因为必须用这些数据进行模拟测试。
- 混合动力车辆控制系统有许多DTC，其中一些可能由于单个故障而存储。因此，一些诊断程序中提供了说明以检查其他DTC和与其相对应的INF代码。通过根据输出DTC和INF代码的组合遵循诊断路径，可尽早缩小故障范围并避免不必要的诊断。

下一步

| 5 | 清除DTC和定格数据 |

下一步

| 6 | 进行目视检查 |

下一步

| 7 | 确认故障现象 |

提示：
如果发动机不起动，则首先执行步骤9和11。

结果

结果	转至
未出现故障	A
出现故障	B

B ▷ 转至步骤10

项目 3　新能源汽车的故障诊断

A

8	再现故障现象的条件

下一步

9	检查DTC

结果

结果	转至
输出DTC	A
未输出DTC	B

A	转至步骤11

A

10	参见DTC表

提示：
使用智能检测仪上的相同菜单显示混合动力控制系统和混合动力蓄电池系统的DTC。有必要检查混合动力控制系统和混合动力蓄电池系统的DTC表。
- 混合动力控制系统-DTC表
- 混合动力蓄电池系统-DTC表

下一步

转至步骤13

11	进行基本检查

结果

结果	转至
未确认故障零件	A
已确认故障零件	B

B	转至步骤15

A

12	检查ECU电源电路

下一步

13	进行电路检查

结果

结果	转至
未确认故障	A
已确认故障	B

B	转至步骤16

203

```
      A
┌─────────────────────────────────────────────────────┐
│ 14 │ 检查是否存在间歇性故障(参见HV-739页)            │
└─────────────────────────────────────────────────────┘
      下一步
┌─────────────────────────────────────────────────────┐
│ 转至步骤16                                          │
└─────────────────────────────────────────────────────┘

┌─────────────────────────────────────────────────────┐
│ 15 │ 进行零件检查                                   │
└─────────────────────────────────────────────────────┘
      下一步
┌─────────────────────────────────────────────────────┐
│ 16 │ 识别故障                                       │
└─────────────────────────────────────────────────────┘
      下一步
┌─────────────────────────────────────────────────────┐
│ 17 │ 调节和/或维修                                  │
└─────────────────────────────────────────────────────┘
      下一步
┌─────────────────────────────────────────────────────┐
│ 18 │ 进行确认测试                                   │
└─────────────────────────────────────────────────────┘
      下一步
┌─────────────────────────────────────────────────────┐
│ 结束                                                │
└─────────────────────────────────────────────────────┘
```

（2）故障码（表3-5-5）

表3-5-5　故障码

DCT	检测项目	主警告灯	MIL
P0A7F-123	混合动力蓄电池失效	点亮	点亮
P0A80-123	更换混合动力蓄电池组	点亮	点亮
P0A82-123	混合动力蓄电池组冷却风扇1性能/卡在关闭位置	点亮	—
P0A84-123	混合动力蓄电池组冷却风扇1控制电路低电位	点亮	—
P0A85-123	混合动力蓄电池组冷却风扇1控制电路高电位	点亮	—
P0A95-123	高压熔丝	点亮	—
P0A9C-123	混合动力蓄电池温度传感器"A"范围/性能	点亮	点亮
P0A9D-123	混合动力蓄电池温度传感器"A"电路低电位	点亮	点亮
P0A9E-123	混合动力蓄电池温度传感器"A"电路高电位	点亮	点亮
P0AAE-123	混合动力蓄电池组空气温度传感器"A"电路低电位	点亮	—
P0AAF-123	混合动力蓄电池组空气温度传感器"A"电路高电位	点亮	—

（续）

DCT	检测项目	主警告灯	MIL
P0ABF-123	混合动力蓄电池组电流传感器电路	点亮	点亮
P0AC0-123	混合动力蓄电池组电流传感器电路范围/性能	点亮	点亮
P0AC1-123	混合动力蓄电池组电流传感器电路低电位	点亮	点亮
P0AC2-123	混合动力蓄电池组电流传感器电路高电位	点亮	点亮
P0AC6-123	混合动力蓄电池温度传感器"B"范围/性能	点亮	点亮
P0AC7-123	混合动力蓄电池温度传感器"B"电路低电位	点亮	点亮
P0AC8-123	混合动力蓄电池温度传感器"B"电路高电位	点亮	点亮
P0ACB-123	混合动力蓄电池温度传感器"C"范围/性能	点亮	点亮
P0ACC-123	混合动力蓄电池温度传感器"C"电路低电位	点亮	点亮
P0ACD-123	混合动力蓄电池温度传感器"C"电路高电位	点亮	点亮
P0AFC-123	混合动力蓄电池组传感器模块	点亮	点亮
P0B3D-123	混合动力蓄电池电压传感器"A"电路低电位	点亮	点亮
P0B42-123	混合动力蓄电池电压传感器"B"电路低电位	点亮	点亮
P0B47-123	混合动力蓄电池电压传感器"C"电路低电位	点亮	点亮
P0B4C-123	混合动力蓄电池电压传感器"D"电路低电位	点亮	点亮
P0B51-123	混合动力蓄电池电压传感器"E"电路低电位	点亮	点亮
P0B56-123	混合动力蓄电池电压传感器"F"电路低电位	点亮	点亮
P0B5B-123	混合动力蓄电池电压传感器"G"电路低电位	点亮	点亮
P0B60-123	混合动力蓄电池电压传感器"H"电路低电位	点亮	点亮
P0B65-123	混合动力蓄电池电压传感器"I"电路低电位	点亮	点亮
P0B6A-123	混合动力蓄电池电压传感器"J"电路低电位	点亮	点亮
P0B6F-123	混合动力蓄电池电压传感器"K"电路低电位	点亮	点亮
P0B74-123	混合动力蓄电池电压传感器"L"电路低电位	点亮	点亮
P0B79-123	混合动力蓄电池电压传感器"M"电路低电位	点亮	点亮
P0B7E-123	混合动力蓄电池电压传感器"N"电路低电位	点亮	点亮
P0B83-123	混合动力蓄电池电压传感器"O"电路低电位	点亮	点亮
P3011-123	蓄电池单元1变弱	点亮	点亮
P3012-123	蓄电池单元2变弱	点亮	点亮
P3013-123	蓄电池单元3变弱	点亮	点亮
P3014-123	蓄电池单元4变弱	点亮	点亮
P3015-123	蓄电池单元5变弱	点亮	点亮
P3016-123	蓄电池单元6变弱	点亮	点亮
P3017-123	蓄电池单元7变弱	点亮	点亮
P3018-123	蓄电池单元8变弱	点亮	点亮

（续）

DCT	检测项目	主警告灯	MIL
P3019-123	蓄电池单元 9 变弱	点亮	点亮
P3020-123	蓄电池单元 10 变弱	点亮	点亮
P3021-123	蓄电池单元 11 变弱	点亮	点亮
P3022-123	蓄电池单元 12 变弱	点亮	点亮
P3023-123	蓄电池单元 13 变弱	点亮	点亮
P3024-123	蓄电池单元 14 变弱	点亮	点亮
P3065-123	混合动力蓄电池温度传感器范围/性能卡滞"A"	点亮	点亮
P308A-123	混合动力蓄电池电压传感器所有电路低电位	点亮	点亮
U029A-123	与混合动力蓄电池组传感器模块失去通信	点亮	点亮

（3）故障案例分析

1）故障现象：一辆 2009 年生产的丰田普锐斯，行驶里程为 117203km。根据车主的描述，该车在地下车库停放 20 余天未正常使用。进入车厢后按下一键起动开关，READY 灯不点亮，混合动力系统故障灯点亮，档位指示灯连续闪烁，车辆无法起动。

2）故障诊断：根据车主反映的情况，先尝试起动车辆，发现无法起动。又尝试利用故障诊断仪连接诊断接口，发现故障诊断仪无法进入系统读取故障信息。

3）故障分析与排查：

① 排查诊断仪无法进入系统的原因。用汽车专用数字万用表的正极表笔测量 DLC3 诊断口的 +B 端电压为 12.64V，正常。测量 TC 端的电压为 11.84V，正常。SIL 端电压为 12.23V，正常。CAN_H 端电压为 1.8V，不正常（正常值为 2.5～2.6V）。CAN_L 端电压为 1.7V，不正常（正常值为 2.3～2.4V）。从以上检测结果分析，车载网络信号存在故障，排除由诊断口引起的故障原因。

② 根据车载网络信号不正常这一情况，结合档位指示灯连续闪烁的故障现象，分析可能是自动变速器控制单元（ECU）存在故障，发送错误信号致使车载网络电压不正常，引起混动系统控制单元（HV ECU）无法正常工作，导致车辆无法起动。为验证这一假设，遵循由简到繁的排故原则，先断开自动变速器控制单元的线束插头，分别对其针脚进行电压测量，以判断故障点在 ECU 的硬件还是线路中。测量自动变速器控制单元的 +B 端线时，电压为 0.83V（正常值为 12V 左右），由此可以断定自动变速器控制单元没有电源电压输入，导致换档控制执行器不工作。查阅普锐斯维修手册，自动变速器控制单元的 +B 端是由 1 个 20A 的 HV 熔丝供电。断开蓄电池负极，从发动机舱的熔丝盒取下 HV 熔丝，用万用表检测其电阻值为 ∞。由此断定 HV 熔丝已熔断，更换一个同等规格的熔丝，接上蓄电池负极。重新按下一键起动开关，READY 灯不点亮，混合动力系统故障灯仍然点亮，车辆还是无法起动，但档位指示灯不再闪烁。再次检测 DLC3 诊断口的 CAN_H 端电压为 2.5V，正常。CAN_L 端电压为 2.4V，正常。与上述假设吻合。

③ 将故障诊断仪接诊断接口，诊断仪能正常进入系统读取车辆信息。分别读取车辆各系统故障码：

a. 发动机控制系统（Engine and ECT），无故障码，正常。

b. 蓄电池控制系统（HV Battery），无故障码，正常。

c. 混合动力控制系统（Hybrid Control），有 P0AA1 和 P0AA4 两个故障码，读取故障码的定格数据流，如图 3-5-18 所示。

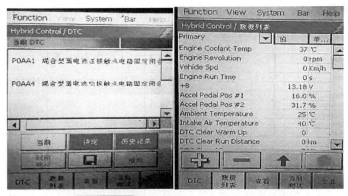

图 3-5-18　混合动力控制系统数据流

结合定格数据 INF 查阅维修手册，故障码的含义见表 3-5-6。

表 3-5-6　故障码含义

DTC	INF	DTC 检测条件	故障部位
P0AA1	231	HV 蓄电池正极侧的 SMRG 卡在关闭位置	·混合动力蓄电池接线盒总成 ·带转换器的逆变器总成
P0AA4	232	HV 蓄电池正极侧的 SMRG 卡在关闭位置	·混合动力蓄电池接线盒总成 ·带转换器的逆变器总成

断开高压蓄电池维修开关和辅助蓄电池的负极，等待 10min 后，戴上安全绝缘手套，穿上绝缘保护靴，从高压蓄电池包体内拆下故障继电器，发现继电器的铜片触点有烧蚀熔块（图 3-5-19），发生卡滞后接触不良。

图 3-5-19　继电器损坏

更换同型号继电器后，安装好高压线束，装上维修开关，接上辅助蓄电池的负极，利用故障诊断仪清除故障码后，重新起动诊断仪和车辆，并将点火开关置于 IG-ON 档读取车辆各系统的信息，系统没有故障码。

再次起动车辆，仍旧无法起动，但混合动力系统故障灯不亮，READY 灯闪一下即熄灭且 SMRP 继电器断开。查阅普锐斯维修电路图手册，SMR（系统主继电器）根据来自动力管理控制单元（HV ECU）的指令闭合或断开高压动力系统的继电器（包括 3 个 SMR 和 1 个预充电电阻器），如图 3-5-20 所示。车辆起动是由动力管理系统控制单元（HV ECU）接收起动信号后首先闭合 SMRP 和 SMRG，通过系统主电阻器对车辆变频器总成充电，以连接高压动力系统，然后闭合 SMRB 后断开 SMRP。

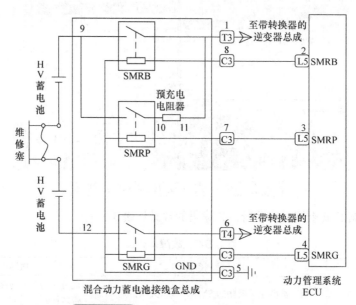

图 3-5-20　普锐斯高压蓄电池控制电路

根据起动电路控制原理，车辆在没有故障码的情况下无法起动，结合继电器触点有烧蚀现象的情况，分析可能原因是高压电路发生断路故障无法供给高压电。运用万用表 DC750V 的电压档，负极表笔搭在 5 号端子。正极表笔分别测量 SMRG 的 12 号端子和 6 号端子、SMRB 的 9 号端子和 1 号端子、SMRP 的 9 号端子和 10 号端子，测得的电压对应为 14.6V 和 0.16V、204.9V 和 0.15V、204.9V 和 0.16V。正极表笔分别测量 HV ECU 的 2 号、3 号及 4 号端子，测得的电压对应为 0.2V、0.3V 及 0.3V。

参考维修手册对 HV 蓄电池接线盒电压值的规定，以上测量数据均符合技术要求，不存在电压不足故障。再次起动车辆，发现 SMRP 继电器闭合后断开，SMRB 继电器不闭合，由此可判断出故障点应该在 10 号端子至 1 号端子（预充电电阻器）之间。

4）故障排除：测量 SMRP 预充电电阻器 10 号端子和 11 号端子之间的阻值为 ∞，而正常值为 28.5～36.5Ω，判断可能发生接触不良故障。仔细检查预充电电阻两端，发现 11 号端子接线处表面堆积一团白色固体，发生严重盐化（高压电池包采用镍氢材料，电解液为强碱性氢氧化钾溶液，长期充放电会挥发出腐蚀性的气体）导致接触不良。除净白色固体后重新焊接 11 号端接头，重新测量 10 号端子和 11 号端子的阻值为 32.3Ω，符合技术要求。

踩下制动踏板，重新按下一键起动开关，READY 灯点亮，车辆能正常起动，测量 1 号端子和 6 号端子之间的工作电压为 218.2V，符合正常电压范围。利用诊断仪重新读取故障码，没有任何故障码显示，故障彻底排除。

五、学习检查

任务	请通过案例分析并结合比亚迪 e5 教学版整车和普锐斯整车进行动力电池及管理系统故障处理
笔记	

参考文献

[1] 郑军武,吴书龙.新能源汽车技术 [M].长春:东北师范大学出版社,2016.
[2] 节能与新能源汽车技术路线图战略咨询委员会,中国汽车工程学会.节能与新能源汽车技术路线图 [M].北京:机械工业出版社,2016.
[3] 李伟.新能源汽车构造原理与故障检修 [M].北京:化学工业出版社,2015.
[4] 包科杰,徐利强.新能源汽车维护与故障诊断 [M].北京:人民交通出版社,2017.
[5] 陈黎明.电动汽车结构原理与故障诊断 [M].北京:机械工业出版社,2015.

读者沟通卡

一、申请课件

本书附赠教学课件供任课教师采用，可在机械工业出版社教育服务网（www.cmpedu.com）注册后免费下载；也可扫描二维码关注"爱车邦"微信订阅号获取课件。

 爱车邦	**免费下载** 教学课件、学习视频、海量学习资料 ➢ 扫描二维码，关注**"爱车邦"** ➢ 点击"粉丝互动"→"视频课件"

二、机工汽车教师服务群

任课教师可加入"机工汽车教师服务群"，与教材主编、编辑直接沟通交流。"机工汽车教师服务群"提供最新教材信息、教材特色介绍、专业教材推荐、样书申请、出版合作等服务。

QQ群号码：633529383，本群实行实名制，请以"院校名称+姓名"的方式申请加入。

三、微信购书

	扫描二维码进入小程序"**机械工业出版社有赞旗舰店**"，即可购买机械工业出版社汽车图书。

四、意见反馈和编写合作

联 系 人：谢元
电　　话：010-88379771
电子信箱：22625793@qq.com
地　　址：北京市西城区百万庄大街22号汽车分社
邮　　编：100037